누구나 할 수 있는

교육통계분석

손충기 저

태영출판사

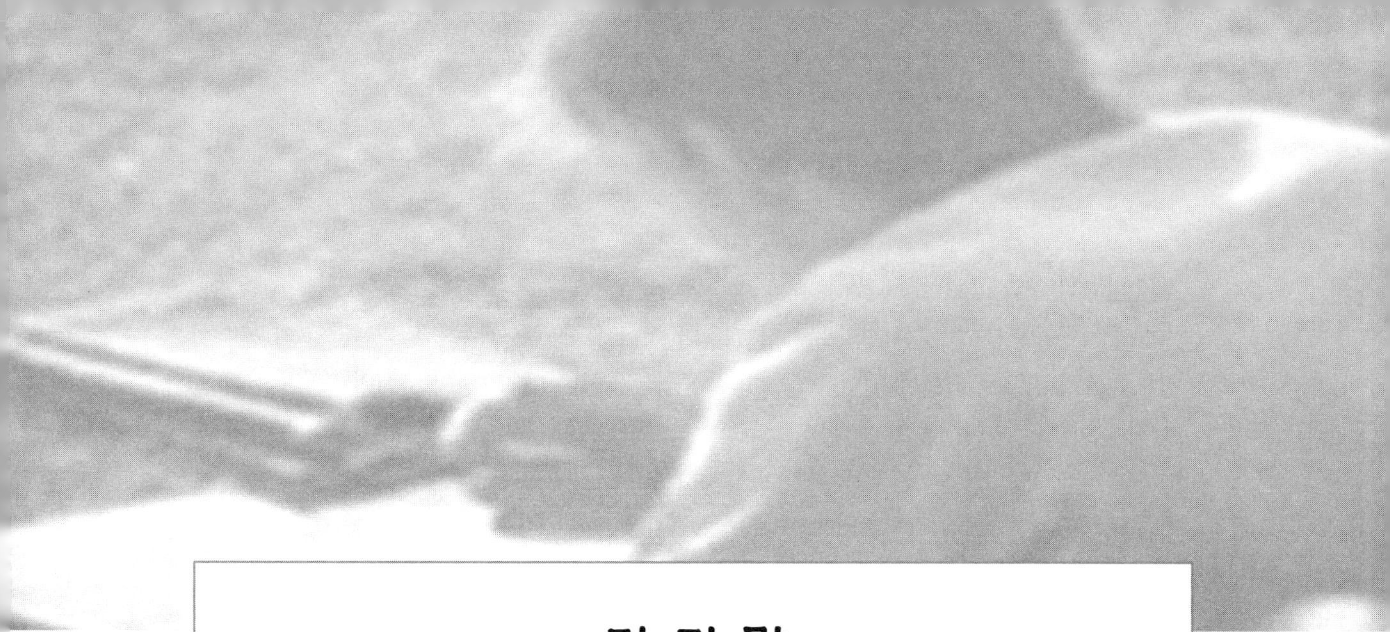

머 리 말

인간은 수의 세계에서 살고 있으며, 수를 떠나 어느 한순간도 삶을 영위할 수 없다. 나이, 일자, 시간, 돈, 거리, 무게 등을 나타내는 숫자는 항상 인간의 생활에 통합되어 있기 마련이다. 이들 숫자는 낱개로 파악되거나 이해되어야 할 경우도 있으나, 대부분은 그러한 숫자들의 조작에 의해 통합되어 어느 정도의 양으로 인간 삶에 관련되어 있다. 일주일간 사용한 돈의 액수, 지나간 시간 양, 자동차로 달린 거리, 몸무게의 변화 양, 문제를 해결한 성적, 지능의 정도 등이 이의 몇 가지 예들이다.

다른 분야와 마찬가지로, 교육의 세계에서는 거의 대부분 네 가지 문제나 사상에 대한 해답을 추구하고자 한다. 첫째, '기술記述'이다. '학생들의 체벌에 대한 찬성과 반대 의견은 각각 어느 정도일까?', '민주적인 가정환경과 전제적인 가정환경에서 자란 학생들 중 누가 지능이 더 높을까?', '강의법과 협동학습법 중 학생들의 자기주도적 학습력을 향상시키는 데 어느 방법이 더 효과적일까?', '지능과 성적 간에는 어느 정도 상관이 있을까?' 이와 같은 교육현상에 관한 기술적 관심사는 자료의 통계적 분석에 의해 해결될 수 있는 것들이다.

둘째, 어떤 현상에의 기술에 대한 '이해理解 혹은 설명說明'이다. 이는 앞의 기술한 바의 이유를 밝히는 일이다. 이해나 설명은 개인적 추론이나 추리에 의해 이루어질 수도 있으나, 이보다는 과학의 세계에서는 합당한 근거를 지닌 이해나 설명을 요하며, 역시 통계적 분석 결과에 바탕할 것을 요구한다.

셋째, 교육에서는 '예측豫測'의 문제를 해결할 것이 요구되는 경우가 많다. 앞의 기술과 설명을 기초로 앞으로 일어날 일이나 현상을 추론하려는 것이다. 가정의 사회경제적 수준이 높은 학생들이 낮은 학생들에 비해 학업성적이 낮다면, 그리고 그 이유가 타당하게 설명될 수 있다면 현재 학습 중인 학생들의 가정의 사회경제적 지위에 대한 정보를 가지고 그들의 학업성적이 어떻게 될 것인가를 추론하는 것이 가능하다. 이를 가능케 하는 것이 자료의 통계적 분석이다.

넷째, 교육의 세계에서는 '통제統制'를 요하는 상황이 많다. 통제란 일어나기를 바라는 바가(예 : 긍정적인 자아개념의 형성) 보다 잘 일어나도록 조건을 만드는 일이거나, 부정적인 결과가 예상되면(예 : 성적이 낮아질 것) 이를 사전에 차단하거나 문제를 해결하는 것이다. 이 일도 자료의 통계적 분석에 기초하여 이루어진다.

이처럼 자료의 통계적 분석은 교육의 여러 부문에서 이루어져 활용되는 것이지만, 이 일이 생각만큼 쉽지 않은 것도 사실이다. 더구나 요즈음에는 통계적 분석을 위한 SPSS, SAS 등의 프로그램이 개발되어 활용되고 있어서 분석은 대체로 쉽게 할 수 있으나, 분석을 위한 조건의 구비 여부의 판단이나 그 결과의 해석상 어려움을 겪는 경우가 많다. 이 책은 이러한 통계분석에 어려움을 겪고 있는 교육학도나 대학원생의 기초통계적 분석에 관한 이론과 SPSS프로그램 이용의 실제에 도움을 주고자 쓰여졌다. 특히, 자료의 통계적 분석에 관한 이론과 프르그램 이용의 실제를 익히는 데 도움을 주고자 **형성평가, 예제, 익힘문제** 등을 제시하였다. 자료의 통계적 분석방법을 공부하는 데 왕도가 있다면 구체적인 자료를 가지고 직접 자주 해결해 보는 일을 반복해 보는 것이다.

교육통계에 관한 초보자를 위해 교육통계의 매우 기초적이고 핵심적인 내용에 관한 책을 써 보고자 했으나 은사님이신 백용덕 교수님의 『교육통계』, 강봉규 · 손충기 · 이기종의 저서 『교사를 위한 통계학 : 현장연구의 통계적 방법』 등에 비하면 미흡하기 짝이 없다. 이 책의 이러한 미흡함을 보충하고 보완하는 일은 필자가 앞으로 계속 추구해 나가야 할 과제이다.

어려운 출판사 사정에도 불구하고 이 책을 출판해 주신 태영출판사 김현태 사장님과, 편집에 수고해 주신 편집부 여러분에게 감사드린다.

2009년 大雪에

저 자

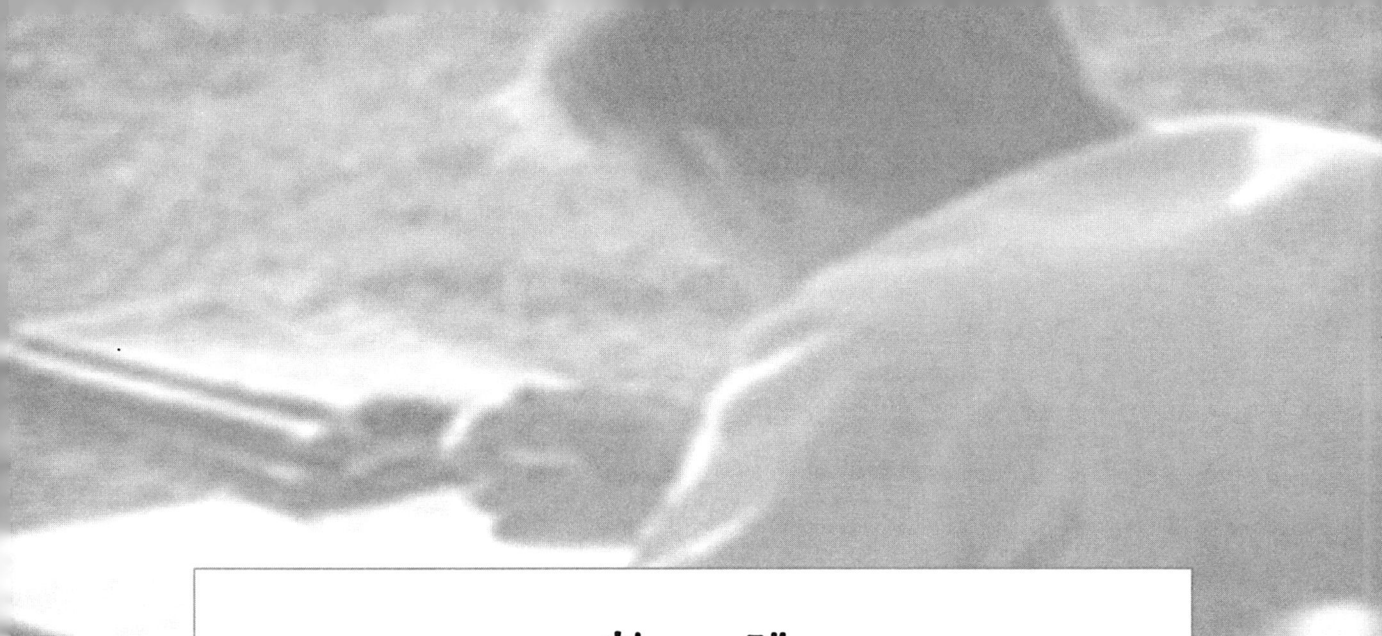

차 례

제 1 장

교육통계 분석의 기초

1. 교육통계 분석의 목적
2. 통계분석의 위치
3. 기술 통계치

◆ **기술통계학**(Descriptive Statistics) : 하나의 집단, 하나의 자료묶음에 관한 통계학
◆ **확률통계학**(Probability Statistics) : 일어날 사상의 확률을 계산하고, 이에 바탕한 의사결정을 위한 통계학
◆ **추리통계학**(Inferential Statistics) : 표본(sample)의 통계치를 이용하여 모집단의 모수치를 추리하는 데 적용하는 통계학

☻ 교육통계적 관심사와 문제 몇 가지 예

1. 통계적 소양이 없거나 부족한 교사와 통계적 소양을 어느 정도 혹은 충실하게 지니고 있는 교사 간 학생교육과 지도에 어떤 차이가 있는가?
2. 학기가 시작되어 새로운 학급 담임을 맡은 입장에서 학생들의 학교생활에 대한 기대수준과 포부수준은 어느 정도이며, 개인차가 어느 정도인가?
3. 고등학교 C교사는 담당하는 중간고사 교과 성적이 어떤 상태인가에 관심이 있다. 즉, 시험지 각 문항들 중 어느 문항의 평균치가 가장 높고, 가장 낮은 평균치를 나타낸 문항은 무엇인가?
4. 시험지 각 문항들의 평균치와 각 문항들의 표준편차를 구했을 때, 학생들의 성적은 어떤 특징이 있는가?
5. 시험이 계속 이루어질 때 학력의 향상이 나타나고 있는가, 아니면 답보상태인가?
6. 학생들의 교과 성적과 관계가 높은 변인은 무엇인가? 지능지수인가, 가정환경인가, 선행학습 정도인가?
7. 고등학교 내신(內申) 성적의 등급을 9등급으로 부여할 때, 각 등급을 구분 짓는 점수는 무엇인가?
8. 학업자아개념이 학급별로 어떤 차이를 보이는가?
9. 교사중심의 교수와 학생중심의 교수 간에 학생들의 성적, 문제해결능력, 자기주도적 학습능력, 학습태도, 사회성 등에서 차이가 있는가? 학생들의 다양한 특성을 육성하는 데 보다 효과적인 교수법은 무엇인가?
10. 학생의 지능과 자아개념, 가정환경은 성적, 학습태도, 수업만족도와 어떤 관계

를 갖는가?

11. 학생들의 성적 상/ 중/하를 구분짓는 가장 큰 변별력을 갖는 요인은 무엇인가?
12. 학생들의 학교생활만족도를 측정하기 위한 질문지(검사지)를 어떻게 개발할 것인가?
13. 교육자료의 통계적 분석에 관심 갖는 사람이나 이 분야에서 일하는 사람들에게 가장 요구되는 자질과 덕목은 무엇인가?

☻ 진단평가

1. 다음은 어느 중학교 1학년 학생들의 성적이다. 어느 학급이 더 우수하며, 개인차가 심한 학 급은 어느 학급인가를 가장 빨리 알 수 있는 방법은 무엇인가?

학 급	성 적
1-1	83, 69, 75, 92, 69, 88, 74, 59, 78, 81, 84, 90, 59, 68, 67, 73, 83, 81, 88, 83, 67, 70, 56, 82, 92, 95, 75, 74, 83, 82, 68, 64, 73, 49[34명]
1-2	63, 77, 68, 81, 90, 95, 99, 83, 45, 50, 62, 78, 73, 82, 88, 85, 92, 94, 47, 49, 53, 58, 73, 74, 82, 88, 83, 57, 60, 73, 82[31명]

2. 교사를 포함한 인간은 숫자의 세계에서 살고 있다고 해도 과언이 아니다. 학생 수 150, 교실의 고유번호 111, 남자와 여자를 구분하기 위하여 부여한 1과 2, 논술경연대회 등수 2, 시험 성적 90, 사과 개수 15, 수면 시간 6, 주민등록번호 1051224, 중간고사 성적 등수 5, 자동차 번호 3894, 어느 여름날 오후 2시 온도 30, 신장 170㎝, 체중 68㎏, 가치관 검사 점수 34, 자동차의 시속 80㎞ 등은 몇 가지 숫자의 예이다. 이들 숫자를 다음의 기준에 따라서 분류해 보라.

❶ 어떤 대상이나 사람 이름 대신 사용되는 수
❷ 서열이나 등위를 나타내는 수
❸ 점수체계에서 인접하는 두 수 간의 간격과 다른 인접하는 두 수 간의 간격이 동일한 것으로 가정될 수 있으나, 培의 관계나 비율의 관계가 성립되지 않는 수
❹ 培의 관계나 비율의 관계가 성립되는 수

3. K고등학교 김철수 학생은 중간고사 국어 성적과 영어 성적을 각각 공교롭게도 80점을 받았다. 김철수가 받은 두 교과 성적을 어떻게 비교 혹은 이해(해석)할 수 있는가?

4. K고등학교 김철수의 국어 성적 80점은 10등에 해당하며, M고등학교 이영희의 국어 성적 80점은 25등에 해당한다. 누구의 성적이 더 우수한가? 두 사람의 성적의 우열을 판단하기 위해 요구되는 조건은 무엇인가?

5. 1차방정식 Y = aX + b에서 a, b는 무엇을 나타내는가? 1차방정식을 통하여 해결하려는 문제는 무엇인가?

6. 조사대상 혹은 연구 대상으로서 전집(모집단)과 표본은 어떻게 정의할 수 있는가?

7. 교육통계분석을 통한 의사결정은 일종의 확률 접근을 취한다. 예컨대, 남학생과 여학생의 성적 평균치의 차가 3.6일 때(남학생 평균치 : 79.3/ 여학생 평균치 75.7) 이러한 평균치의 차이만 가지고 남학생의 성적이 더 우수하다고 결정하는 것이 아니라 이러한 차이를 통계적으로 검증하여 믿을 만한(신뢰할 만한) 차이로 밝혀지면 '차이가 있다'고 결론을 내리고, 이 차이가 신뢰할 만한 차이가 아닌 것으로 밝혀지면 '차이가 없다' 혹은 이 차이는 '표집오차에 의한 우연한 차이'라고 결론을 내리는 방식을 취한다. 여기서 "신뢰할 만한" 이라는 표현을 통계에서는 '신뢰도' 혹은 '신뢰수준'이라고 부르며, 교육통계에서는 이 수준을 보통 95%나 99%로 설정하여 사용하고 있다. 그러면, 100%라는 신뢰수준을 적용하지 않고, 이러한 신뢰수준을 적용하는 이유는 무엇인가?

8. 어떤 교사가 담임하고 있는 학생들의 학교생활만족도를 파악하기 위하여 20개 문항으로 구성된 '학교생활만족도' 검사지를 이용하여 자료를 수집한 후 통계 분석한 결과가 다음의 표와 같다. 이 표를 해석해 보라.

〈진단평가 표 1〉 학교생활만족도에 대한 기초통계치

성 별	사례수(N)	평균치(M)	표준편차(SD)
남학생	17	78.3	7.04
여학생	16	73.5	6.85
전 체	33	75.97	7.14

9. 284명으로 구성된 어느 고등학교 3학년인 영수 성적과 영수의 학년 성적이 다음과 같다.

과목명	학년 평균	학년 표준편차	영수 성적
국 어	73	8.0	81
수 학	85	7.0	90
과 학	80	5.0	90

학년에서 영수의 성적이 우수한 과목의 순서는?

10. 모집단, 표집, 표본 등의 용어의 의미를 설명해 보시오.

1. 교육통계 분석의 목적

1.1 어떤 대상이나 현상에 드러나고 있는 사실의 발견 : **실태 이해**

[1] 학생 체벌에 대한 교사, 학생, 학부모의 찬성/반대 의견은 어떠한가?

[2] 학생들의 학습자아개념, 공부에 대한 자신감 수준은 어떠한가?

[3] 학교에 집단따돌림 실태는 어떠한가?

1.2 학생들의 성취수준의 파악과 이해, 측정도구의 개발 : **교육측정 및 평가**

[1] 개발한 시험문항은 가르친 중요한 내용을 얼마나 충실하게 반영하여 제작되었는가?

[2] 시험문항은 학생들의 학력이나 능력을 얼마나 잘 변별해 주는 문항들인가?

[3] 지식과 이해력, 적용력 및 분석력, 태도 영역 중 성취도가 높은 영역은 무엇이며, 어떤 향상도를 보이는가?

1.3 합리적인 의사 결정/ 개선과 변화 방향 결정 : **의사결정**

[1] 학교장이 방과 후 교육프로그램으로 가장 적합한 것을 결정하려고 한다. 평소 교사들의 경험에 바탕 할 것인가, 아니면 학생과 학부모, 교사들의 의견을 조사하여 결정할 것인가?

[2] 학교교육과정 편성에 교사, 학생, 학부모의 어떤 요구를 얼마만큼 반영할 것인가?

[3] 학생들의 학습성취도를 향상시키기 위해 교사들의 보충과정과 교과별 전문성을 지닌 일반인 중 누구를 배정할 것인가?

1.4 현상이나 사상에 도사리고 있는 어떤 측면에의 호기심, 탐구심 충족 : **연구**

[1] 남학생과 여학생 간에 학습양식의 차이가 있는가? 있다면 어느 성이 확산적 학습양식이 더 두드러지는가?

[2] 초, 중, 고교생들의 지능과 창의성 간의 관계는 어떠한가? 어느 학교급 학생들이 두 변인 간의 관계가 가장 높은가?

[3] 초 · 중 · 고교 학생들의 학업성취도를 결정하는 공통요인은 무엇이며, 각 학교급에 따른 특성요인은 무엇인가?

[형성평가 1] 교육통계적 분석의 4가지 목적 간의 관계는 어떻게 이해할 수 있는가?

2. 통계분석의 위치

1.1 자료의 분석 목적 명료화

[1] 학생들의 지적, 정의적, 심동적 특성의 진단과 이해

[2] 성적의 개인별, 집단별 수준과 진전도의 파악

[3] 교육과정 편성을 위한 학생과 학부모, 교사들의 요구 진단

[4] 두 변인 이상의 관계 규명, 집단 간 특성의 차이 규명
[5] 실험적 처치의 효과 규명

1.2 자료 수집용 도구의 준비
[1] 질문지 : 학교생활 만족도, 인간관계, 집단따돌림 실태 등
[2] 검사지 : 지능, 자아개념, 학업적성, 성격, 흥미, 태도 등
[3] 시험지 : 교과 학업성취도 측정을 위한 시험지
[4] 도구 준비
▶ 개발 : 연구 수행 절차를 따름
▶ 기존 도구 이용 : 도구의 타당도, 신뢰도 확인 절차 필요

1.3 자료의 통계적 분석 방법 결정 : [부록 8] 참조
[1] 자료 분석의 목적에 맞는 통계분석 방법
[2] 자료의 성격에 맞는 통계분석 방법

1.4 자료 수집
[1] 자료 수집 대상자 결정
[2] 자료 수집과정의 충실성 유지
[3] 수집한 자료의 충실성 검토
[4] 응답이 불충실한 자료 처리 방법 결정

1.5 통계적 분석
[1] 각종 통계분석의 기본 가정의 이해에 기초한 자료 분석
[2] 문제 해결에 가장 적합한 통계적 분석 방법 선택
[3] 컴퓨터를 이용한 자료 분석 : 통계적 분석의 이론에 바탕 한 컴퓨터 이용 분석
[4] 한 가지 문제 해결의 경우라도 다양한 통계적 분석 방법 적용

1.6 분석 결과의 표 작성 및 해석, 활용

[1] 도표로 나타낼 것인가[그림 1], 표로 제시할 것인가〈표 1〉 결정
[2] 통계적 분석 결과 해석 능력 함양 : 많은 논문 읽기
[3] 통계분석 결과의 창의적인 표현 방법 모색

3. 기술(記述) 통계치

- 기술(記述) : …이 이러 저러하다.
- 예 1 : K중학교 1학년 중간고사 수학 성적의 평균치가 영어 성적의 평균치보다 더 높다.
- 예 2 : 고교생의 학업 자아개념과 성적 간의 상관계수는 r=.47로 보통 이상이다.

가. 빈도와 백분율

▶ 어떤 문항 혹은 항목에 대한 응답자 수(빈도, frequencies)와 그 백분율

문항 : 수업내용은 논리적이고 명확하였다 {[부록 3]의 4번 문항}

〈표 1〉 고교생의 영어 수업평가 결과

학 년	매우 미흡	대체로 미흡	보 통	대체로 우수	매우 우수	계(%)
1	36(17.8)	45(22.3)	27(13.4)	49(24.3)	45(22.3)	202(100.0)
2	48(19.3)	51(20.9)	57(23.5)	47(19.1)	42(17.2)	244(100.0)
3	28(19.3)	38(25.3)	34(22.7)	21(14.0)	28(18.7)	150(100.0)
계	112(18.8)	134(22.5)	79(13.3)	139(23.3)	132(22.1)	596

[해석] 영어 과목의 수업평가 결과를 학년별로 비교해 보면, 1학년이 가장 긍정적이며(우수함 : 46.6%), 2학년, 3학년으로 올라갈수록 부정적인 경향을 보이고 있다.

문항 : 어떤 학생을 교육을 잘 받은 사람이라고 할 수 있을까요? {[부록 1]의 1번 문항}

〈표 2〉 교육을 잘 받은 사람이란?

항 목	전체	초등학생	중학생	고등학생	교사	학부모	시민
1. 실력이 좋은 학생	155 (6.6)	36 (7.8)	31 (6.4)	37 (10.0)	11 (3.1)	18 (4.3)	22 (8.6)
2. 인성이 훌륭한 학생	1493 (63.7)	294 (63.8)	289 (59.8)	215 (58.3)	243 (68.5)	283 (67.9)	169 (65.8)
3. 심신이 건강한 학생	140 (6.0)	18 (3.9)	15 (3.1)	24 (6.5)	22 (6.2)	38 (9.1)	23 (8.9)
4. 사회성이 좋은 학생	554 (23.7)	113 (24.5)	148 (30.6)	93 (25.2)	79 (22.3)	78 (18.7)	43 (16.7)
계	2342 (100)	461 (100)	483 (100)	369 (100)	355 (100)	417 (100)	257 (100)

[해석]

[1] 전체적으로 "인성이 훌륭한 학생"(63.7%)을 교육을 잘 받은 학생으로 규정하고 있음

[2] 인성이 훌륭한 학생(63.7%) : 교사(68.5%), 학부모(67.9%), 시민(65.8%) 등의 순임

[3] 사회성이 좋은 학생(23.7%) : 중학생(30.6%), 고교생(25.2%)

[4] 실력이 좋은 학생(6.6%) : 고교생(10.0%), 시민(8.6%)

나. 집중경향치(집단의 대표치, 대푯값)

▶ 한 집단(학급, 학년, 학교 학생 전체 혹은 120명을 선정한 집단)의 성적이나 지능 등의 대표 적인 값 하나

- 2009년도 대학등록율은 평균 92.8%로 2008년도에 비해 약간 높아졌다.
- 대학수학능력시험 성적은 대도시 지역에 비하여 농어촌 지역 학생들이 영역에 따라서 3점~12점 떨어졌다.
- 수학과목 수업에 비해 영어과목 수업에 대한 집중도가 높다.
- 우리 회사의 종업원 임금은 대략 250만원 정도다.

- 자료의 통계적 분석의 목적의 하나는 집단의 특징을 記述하고, 요약 단순화 하려는 것임
- 통계적 분석은 일련의 측정치들을 지닌 사례들이 어떤 경향성을 나타내는가를 밝히려는 것임
- 어떤 집단에서 얻은 측정치들은 그 분포의 양극단보다는 중앙부분으로 모이는 경향이 있음
- 개별 사례들 각각의 측정치가 무엇인가보다는 집단 구성원의 대표적인 값이 무엇인가를 밝혀 의사결정을 함

■ 학교장이 3학년 4반 담임인 당신에게 이 학급 학생들의 학기말 성적은 어떻게 되는가를 묻는다고 가정하자. 어떻게 답할 것인가? 교장이 궁금해 하는 것은 무엇인가?

▶ 학생 1번부터 마지막 번호에 이르는 모든 학생 각각의 성적을 알려 줄 수 있다. 그러나 이러한 반응은 3학년 4반 학생들의 성적이 어떠한가에 대하여 궁금해 하는 교장의 의도를 충족시킬 수 없다.

▶ "우리 반 학생들의 중간고사 성적의 평균치는 83점으로서 다른 반에 비해 3~7점 높다"라고 반응할 수 있다.

■ 대학의 취업률, 물가 인상률, 고등학교의 진학률, 교과별 성적의 비교 등 대부분의 통계적 분석은 개인(개별) 측정치보다는 집단의 전체적인 경향성 파악에 집중함

■ 개인 측정치의 경우, 한 학기, 1년 간 수집한 자료를 이용하여 해당 기간의 어떤 경향성을 파악할 수도 있음

✪ 집단의 대푯값을 구하는 방법에는 최빈치, 중앙치, 평균치 등이 있음. 이 중 **평균치**가 가장 흔하게 사용되며, 계속 이어지는 통계분석에 주로 이용됨.

1] 최빈치(最頻値, Mo/Mode)

[1] 어떤 집단의 측정치들 중 가장 빈번하게 나타나는 수를 집단의 대표치로 삼음

[2] 10명의 성적이 다음과 같다.

80, 76, 88, 92, 88, 83, 71, 78, 81, 88 ⇒ Mo=88

[3] 10명의 성적이 다음과 같다.

80, 76, 88, 92, 88, 83, 71, 78, 81, 83 Mo=83과 88

[3] 〈표 2〉에서 1학년의 최빈치는 "재미있음"이며, 2학년은 "매우 재미있음", 3학년은 "재미없음"이다.

[형성평가 2] 예 : 1학년 학년말 영어 성적은 다음과 같다.

〈표 3〉 1학년 성적의 빈도와 백분율 표

성 적	빈도(사례수)	백분율(%)	누가빈도	누가백분율(%)
100	1	0.74	136	99.48
99	3	2.21	135	98.74
98	5	3.68	132	96.53
97	4	2.94	127	92.85
96	6	4.41	123	90.45
94	8	5.88	117	86.04
92	5	3.68	109	80.16
90	8	5.88	104	76.48
89	10	7.35	96	70.60
88	13	9.56	86	63.25
87	9	6.62	73	53.69
86	5	3.68	64	47.07
85	3	2.21	59	43.39
84	6	4.41	56	41.18
83	4	2.94	50	36.77
80	7	5.15	46	33.83
79	6	4.41	39	28.68
78	8	5.88	33	24.27
77	3	2.21	25	18.39
74	8	5.88	22	16.18
72	4	2.94	14	10.30
71	5	3.68	10	7.36
70	3	2.21	5	3.68
68	2	1.47	2	1.47

(1) 136명의 성적 최빈치는 [   ]이다.

(2) 최빈치는 2개(쌍최빈치) 혹은 그 이상이 될 수 있다. 〈표 3〉에서 만약 84점을 받은 학생이 13명이라면, 최빈치는 [   ]와 [   ] 등 2개이다.

2] 중앙치(中央値, Mdn, Median의 약자)

[1] 측정치를 순서대로 나열했을 때, 낮은 점수와 높은 점수를 받은 사례를 반으로 나누는 위치에 해당하는 사례가 얻은 점수

– 사례수가 홀수인 경우 : 68, 70, 73, 80, 81, 83, 85, 86, 88, 89, 90, 92, 93, 95, 98 (N=15)

Mdn = 86

– 사례수가 짝수인 경우 : 60, 68, 70, 73, 80, 81, 83, 85, 86, 88, 89, 90, 92, 93, 95, 98 (N=16)

Mdn = 85+86/2 = 85.5

[2] 어떤 측정치(점수)에 동점자가 2명 이상 나타나는 경우(〈**표 3**〉)

1단계 : 전체 사례수를 2등분하는 사례수 계산 : 136/2 = 68

2단계 : 누가빈도 68, 즉 68등을 한 사례가 얻은 점수를 구하려고 함을 확인함

3단계 : 〈**표 3**〉에서 누가빈도 68이 존재한다면 누가빈도 68에 해당하는 점수가 중앙치가 됨. 그러나 이 표에는 누가빈도 68이 나타나 있지 않으며, 누가빈도 64의 점수(86)와 누가빈도 73의 점수 87점 사이에 중앙치가 존재함을 알 수 있음

4단계 : 86점과 87점 차이 1점을 87점을 얻은 9명이 같은 값을 지니고 있다고 가정하고, 1명분의 값을 구함. 즉 1/9=0.11로서 1명이 지니는 점수는 0.11점임

5단계 : 86점 + 0.11X4[누가빈도 64에 4명을 합쳐야 중앙에 해당하는 사례 68이 되므로)

** 따라서 Mdn = 86.44

[3] Mdn의 특성

① 사례수들의 중앙에 위치하는 한 사례의 측정치를 집단의 대표치로 삼음으로 다른 사례들의 측정치가 어떠한가에 대해서는 관심을 갖지 않음

② 대표치를 구할 때 집단의 극단적인 점수를 지닌 사례의 영향을 거의 받지 않음

3] 평균치(平均値, M, Mean)

[1] 집단 사례들의 점수 총점을 사례수로 나눈 것이므로 개별 사례에 똑같이 분배되는 점수

[2] $M = \frac{\Sigma X}{N}$ ·· **[공식 1]**

[단, Σ : 시그마라고 읽으며 合하라는 기호, X : 개별 사례의 측정치]

[3] ΣX = N×M [평균치가 계산되어 있는 경우, 총점은 사례수와 평균치를 곱한 수임]

[4] $M = \frac{\Sigma fX}{N}$ ------ 점수에 동점자가 존재하는 경우·················· **[공식 2]**

X	f(빈도)	fX	M
30	2	60	
29	4	116	
27	5	135	
26	8	208	
25	5	125	$M = \frac{\Sigma fX}{N}$ =1080/46 =23.48
23	6	138	
20	4	80	
19	4	76	
18	6	108	
17	2	34	

[5] M의 특성

① 대표치를 구할 때, 모든 사례의 점수를 누락됨이 없이 반영하므로 극단적인 점수를 지닌 사례의 영향을 민감하게 받음

② 편차 x = X−M이며, Σx = 0

[6] 평균치들의 평균치(M_{comb}) : 전체 집단이 몇 개의 하위집단으로 구성되어 있는 경우

[예제 1] 다음 〈표 4〉에서 중학교 3학년 전체의 평균치는 얼마인가?

〈표 4〉 중학교 3학년 3개 반의 사례수와 평균치

	1반	2반	3반
사례수	32	34	38
평균치	80.4	82.4	78.5

$$\text{Mcomb} = \frac{N_1 M_1 + N_2 M_2 + N_3 M_3}{N_1 + N_2 + N_3} \cdots\cdots \textbf{[공식 3]}$$

$$= \frac{32\times80.4 + 34\times82.4 + 38\times78.5}{32+34+38} = \frac{2572.8 + 2801.6 + 2983}{104} = 80.36$$

[7] M의 문제점

① 집단의 크기에 관계없이 대표치 1개만을 생성시킴으로써 개인의 정체성이 사라짐.

② 극단적인 측정치가 대푯값 결정에 미치는 영향이 큼

> **[형성평가 3]** 어느 고등학교에 입학한 학생들 중 10명을 무작위로 선정하여 이들 성적의 대푯값을 가지고 학교 홍보용으로 활용하려고 한다. 어떤 대푯값을 구하는 것이 합리적이라고 할 수 있는가? 69, 72, 76, 63, 70, 58, 65, 71, 73, 98

4] 집중경향치들의 특성 비교

[1] 편포된 분포에서의 집중경향치들의 위치

① 정상분포곡선(대칭분포) : M=Mdn=Mo, 다만, 쌍최빈치 혹은 다최빈치인 경우 이 관계가 성립되지 않음

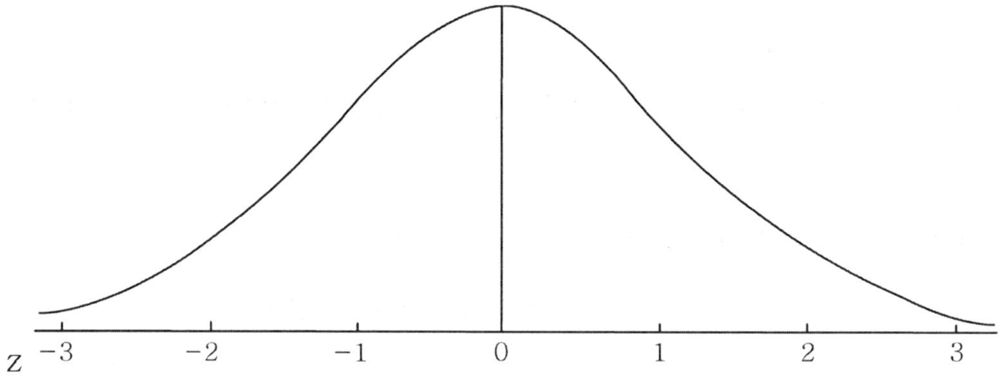

[그림 1] 정상분포곡선

② 정적 편포(正的 遍布) : M > Mdn > Mo

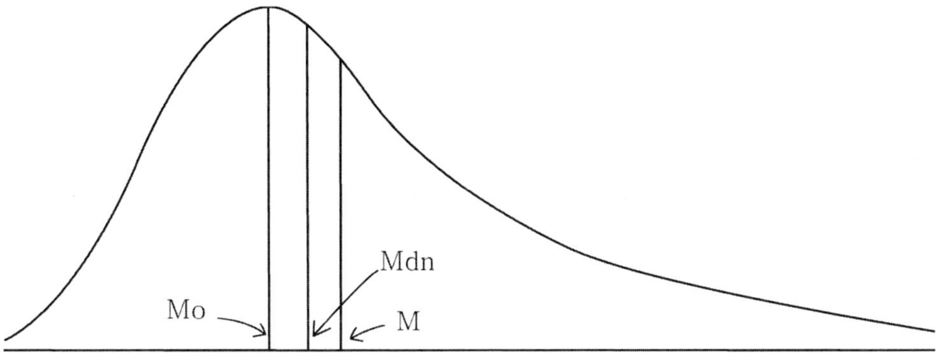

[그림 2] **정적 편포**

③ 부적 편포(負的 遍布) : M < Mdn < Mo

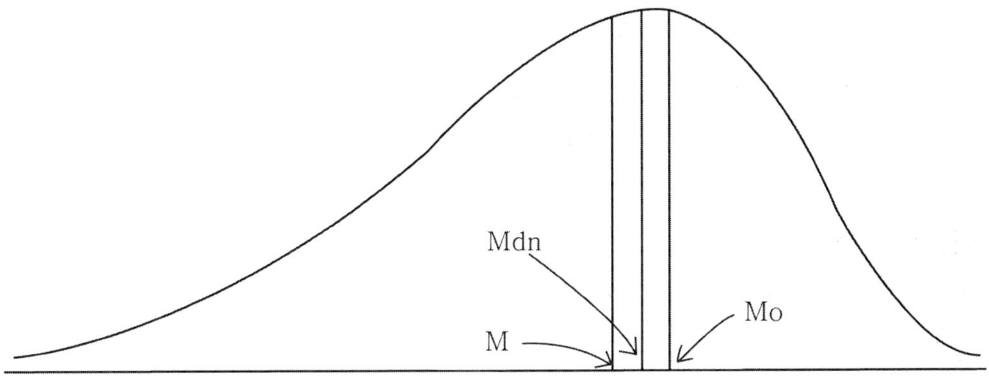

[그림 3] **부적 편포**

[2] 집중경향치들의 계산이 필요한 경우, 혹은 활용 예

① 최빈치(Mo) : 한 분포에서, 혹은 한 점수분포에서 가장 많이 나타나는 숫자

(1) 학생들의 책상과 걸상을 제작할 때 (2) 철봉대, 평행봉 등 학생들의 체격조건을 고려하여 시설물을 설치할 때 (3) 학생 휴게실에 필기구, 음료수, 간편한 음식물, 과자류 등을 구입하여 비치할 때

② 중앙치(Mdn) : 측정치의 순서상 중앙에 위치하는 사례의 측정치

(1) 한 가운데에 위치하고 있는 사례의 측정치를 집중경향치로 삼을 때 (2) 극히 편포된 분포를 지닌 집단의 집중경향치가 합리적이라고 판단될 때 (3) 극단적인 측정치를 지닌 소수의 사례 때문에 평균치가 집중경향치로 불합리할 때

③ 평균치(M) : 모든 측정치를 고려(반영)하여 구한 집중경향치

(1) 신뢰할 수 있는 대표치를 구해야 할 때 (2) 점수분포가 정상분포에 근접할 때 (3) 표준편차, 상관계수, 기타 통계적 분석이 뒤따를 때

[익힘문제 1]

[부록 6]의 자료를 가지고 다음을 구하고, 그 결과를 해석하라.

1. 실험 전과 후의 자아개념의 중앙치와 평균치
2. 실험 전과 후의 성적의 중앙치와 평균치

다. 변산도치(變散度値)

▶ 한 집단 구성원들의 측정치(점수, 지능지수 등)들이 대푯값을 중심으로 얼마나 흩어져 있나?

- 대학졸업자의 취업률은 전공 영역에 따라서 큰 차이를 보였다.
- 대학수학능력시험 성적은 대도시 지역에 비하여 농어촌 지역 학생들의 점수 차이가 적다.
- 금년에 입학한 학생들은 2학년에 비하여 학력의 개인차가 심하다.
- 우리 회사의 종업원 임금은 몇 년간 동결하여 직급에 따른 차이가 별로 없다.

- 집단 구성원들의 측정치들이 비슷비슷한가, 아니면 많은 차이가 나타나는가?
- 대표치를 중심으로 사례들이 몰려 있는가, 아니면 대표치로부터 사례들이 많이 이탈해 있는가?
- 3학년 영어 과목을 맡고 있는 교사가 수업준비를 할 경우, 수업의 수준을 어디에 맞출 것인가가 대표치 문제라면, 수업 수준을 몇 개로 정해 별도의 준비를 해야 하는가에 관한 의사결정 기준이 필요함
- 1학년 입학생들의 성적이 동질적인가, 이질적인가/ 이질적이라면 얼마나 이질적인가에 따라서 교육의 방향 설정, 수업 운영 방법이 달라짐

■ 학교장이 3학년 4반 담임인 당신에게 이 학급 학생들의 학기말 성적은 어떻게 되는가를 묻는다고 가정하자. 어떻게 답할 것인가? 교장이 궁금해 하는 것은 무엇인가?

▶ 학생 1번부터 마지막 번호에 이르는 모든 학생 각각의 성적을 알려 줄 수 있다. 그러나 이러한 반응은 3학년 4반 학생들의 성적이 어떠한가에 대하여 궁금해 하는 교장의 의도를 충족시킬 수 없다.

▶ "우리 반 학생들의 중간고사 성적의 평균치는 83점이며, 43점부터 100점까지 학생 개인별 점수 차가 심하다"라고 반응할 수 있다.

■ 대학의 취업률, 물가 인상률, 고등학교의 진학률, 교과별 성적의 비교 등 대부분의 통계적 분석은 개인(개별) 측정치보다는 측정치들의 전체적인 분포 상태 파악에 집중함

■ 개인 측정치의 경우, 한 학기, 1년 간 수집한 자료를 이용하여 해당 기간의 어떤 측정치들이 동질적인지, 이질적인지를 파악할 수도 있음

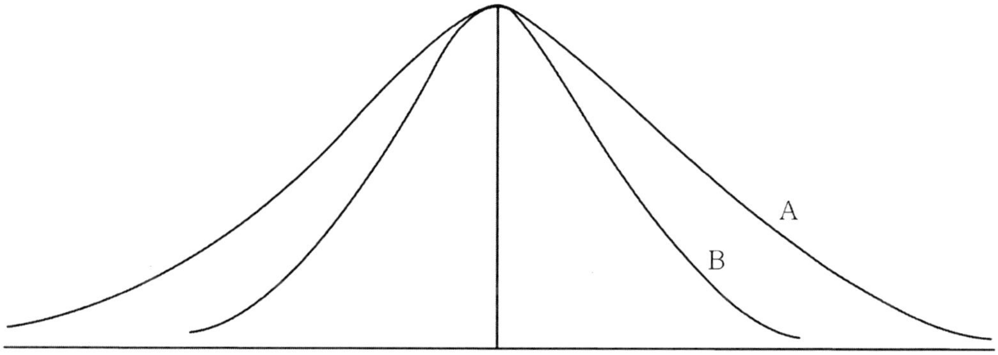

[그림 4] **대표치는 같으나 변산도가 다른 두 집단**

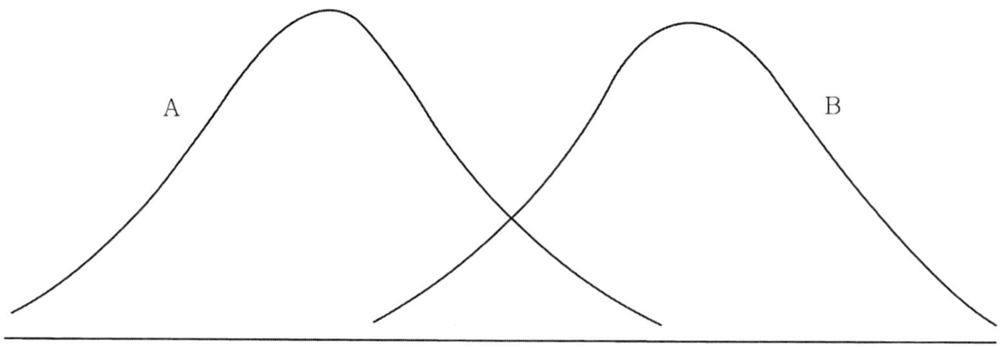

[그림 5] **대표치는 다르나 변산도가 같은 두 집단**

✪ 변산도치를 밝히는 통계적 방법은 범위, 사분편차, 표준편차 등이 있으며, 이 중 표준편차가 가장 핵심적인 변산도치임.

1] 범위(R, Range)

[1] R = H(최고점) − L(최하점)

[2] 측정치의 정확한계를 기준으로 구하는 경우, R = (H−L) + 1

[3] 17명의 중학생 지능지수가 다음과 같다. 지능지수의 범위는?

119, 134, 125, 128, 102, 118, 120, 122, 124, 131, 119, 128, 120, 125, 127, 140, 133

2] 사분편차(Q, Quartile)

[1] 사례들의 측정치(점수)를 순서대로 나열했을 때 상위 25% 사례가 포함되는 위치의 사례 측정치와 하위 25% 사례가 포함되는 위치의 사례 측정치의 차의 2분의 1

[2] $Q = \frac{Q_3 - Q_1}{2}$ [상위 25%와 하위 25% 사례를 떼어 낸 후 범위의 2분의 1]

…… **[공식 4]**

[3] 낮은 점수 -------|----------|---------|-------- 높은 점수

25% Q_1 25% Q_2 25% Q_3 25%

중앙치

[예제 2] : 20명의 점수
15 26 28 30 31 33 35 36 37 39 40 45 46 49 51 52 54 55 57 60

$$Q = \frac{51-31}{2} = 10$$

3] **표준편차**(S, SD, Standard Deviation)

[1] 평균치로부터 개별 사례가 이탈되어 있는 점수(편차점수, x)들이 개별 사례들에 공통적으로 분배되는 몫은 얼마인가? 즉, 편차의 평균치가 얼마인가? $\frac{\Sigma x}{N}$

[2] 이 공식에 의하면 어떤 측정치건 "0"이 됨으로 이를 해결하는 방안이 강구되어야 함

[3] $S = \sqrt{\frac{\sum x^2}{N}} = \sqrt{\frac{\sum (X-M)^2}{N}} = \sqrt{\frac{\sum X^2}{N} - M^2} = \frac{1}{N}\sqrt{N\sum X^2 - (\sum X)^2}$

········· [공식 5]

[예제 3]

학생번호	영어 성적	x(X-M)	x^2	S
1	83	6.5	42.25	
2	86	9.5	90.25	
3	77	0.5	0.25	
4	92	15.5	240.25	
5	72	−4.5	20.25	
6	65	−11.5	132.25	
7	95	18.5	342.25	
8	88	11.5	132.25	$\sqrt{\frac{2171.75}{15}} = 12.03$
9	76	−0.5	0.25	
10	72	−4.5	20.25	
11	54	−22.5	506.25	
12	94	17.5	306.25	
13	60	−16.5	272.25	
14	58	−18.5	342.25	
15	76	−0.5	0.25	

학생번호	영어 성적	X(X-M)	X 2	S
M	1148/15 = 76.5		합=2171.75	

[4] 표준편차의 병합

[형성평가 4] : 다음 중학교 학생들 전체의 표준편차는 얼마인가?

〈표 5〉 어느 중학교 학생들의 학교생활 만족도

	1학년	2학년	3학년
N	125	96	83
M	30	26	34
SD	5.0	6.5	7.0

$$S_{comb} = \frac{1}{\sqrt{N}} \sqrt{N_1(S_1^2 + d_1^2) + N_2(S_2^2 + d_2^2) + N_3(S_3^2 + d_3^2)} \cdots\cdots\cdots \text{[공식 6]}$$

① 전체 평균치 계산

② d_1, d_2, d_3 계산 : d는 전체평균치와 각 하위집단 평균치의 차임

③ 각 집단 d값의 제공

④ 각 하위집단의 표준편차의 제곱

⑤ 공식에 해당하는 값들을 대입하여 구함

[5] 집단 간 혹은 변인 간 변산도 비교

사례 1 : 중학교 1학년 188명을 대상으로 수학과 영어 성적의 통계적 분석 결과가 다음과 같다. 두 교과 성적은 어떻게 비교되는가? ▶ 평균치, 표준편차의 직접 비교 가능

과목명	수 학		영 어	
	M	SD	M	SD
통계치	78	10.4	81	8.79

사례 2 : 초등학생과 대학생의 영어 어휘력 측정 결과는 다음과 같다. 두 집단의 특성을 비교하라.

과목명	초등학생		대 학 생	
	M	SD	M	SD
통계치	78	18.3	168	36.9

▶ 평균치, 표준편차의 직접 비교 불가능

사례 3 : 고교생을 대상으로 지능과 창의성을 측정한 결과가 다음과 같다. 두 변인의 변산도를 비교하라.

과목명	지능지수		창의성지수	
	M	SD	M	SD
통계치	112	14.1	28.5	6.8

▶ 평균치, 표준편차의 직접 비교 불가능

◆ 변산도 계수(CV, coefficient of variation)

[1] 측정단위가 다른 둘 이상의 변인 간 변산도 비교 시(사례 3)

[2] 측정단위는 같으나 평균치의 차가 심할 때(사례 2)의 변산도를 비교할 경우

$$CV = \frac{100S}{M}$$ ……… **[공식 7]**

[형성평가 5] 위의 3개 사례에서의 변산도를 비교하라.

[6] 표준편차의 해석 방법(점수분포가 정상분포에 접근한다고 가정될 경우)

M ± 1×SD : 전체 사례의 약 68%가 포함됨

M ± 2 × SD : 전체 사례의 95.44%가 포함됨

M ± 1.96 × SD : 전체 사례의 95%가 포함됨

M ± 3 × SD : 전체 사례의 99.74%가 포함됨

M ± 2.58 × SD : 전체 사례의 99%가 포함됨

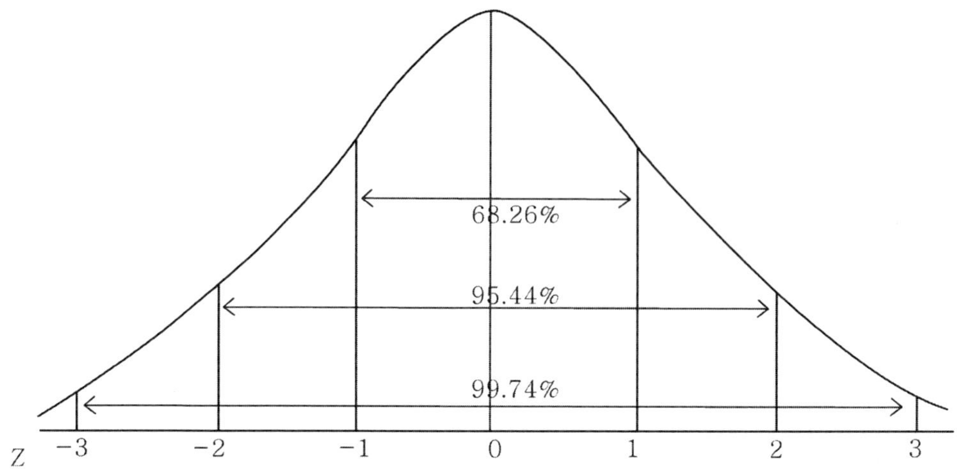

[그림 6] **정상분포곡선 아래 면적의 M과 SD에 의한 넓이의 백분율**

[[익힘문제 2]]

1. 어떤 중학교 학생을 대상으로 표준화 학력평가 도구를 이용하여 학습부진학생과 학습우수학생을 각각 2.5%씩 구분해 내고자 한다. 이 집단의 성적 평균치(M)가 82, 표준편차(SD)가 7.5라고 할 때, 두 집단을 구분 짓는 점수는 각각 몇 점인가? (정수로 나타낼 것)

2. **[부록 6]**의 자료에서 남학생과 여학생의 학업자아개념과 성적의 표준편차를 구하고 성별 변산도를 비교하라.

라. 기술통계분석을 위한 SPSS 이용법

* 개인이나 집단의 현상, 특성의 기술(記述, description)이 목적인 통계분석 * 관심가진 집단 전체 사례, 개별 사례에 대한 자료가 분석 대상임

Top Menu ⇒ Analyze ⇒ Descriptive Statistics ⇒ Frequencies...

Descriptives...

Explore...

Crosstabs...

Ratio...

1] Frequencies...(빈도분석) : 가장 먼저 분석할 기초적 통계

> **분석할 수 있는 통계**
> (1) 측정자료가 성별, 학력별, 교직경력별, 각 문항별 등 응답 사례수와 백분율, 누가백분율, 평균치, 중앙치, 최빈치, 표준편차, 최소값, 최대값, 사분편차, 용도(聳度), 왜도(歪度)
> (2) 각 변인별 사례의 백분율에 대한 각종 도표

1.1 TopMenu⇒ Analyze ⇒ Descriptive Statistics ⇒ Frequencies...

⇒ Frequencies창의 변인 중 빈도분석할 변인을 Variable(s) 창으로 옮김

⇒ Statistics... 클릭하여 분석할 통계치를 클릭

⇒ Charts...를 그릴 경우 그릴 차크를 선택

⇒ Format 클릭 : 빈도분석 결과를 변인값 혹은 응답자가 많은 순서로 출력하도록 선택

⇒ OK

1.2 Statistics... 를 클릭하면, Frequencies : Statistics 창이 열리며, 다음과 같은 4개의 영역이 나타남

[1] Percentile Value(백분위 값)

SPSS 명령어	통계 용어	내 용
□Quartiles	사분위값	전체사례를 25%, 50%, 75%로 나누는 사례가 지닌 값을 열려줌
□Cut point for ▭ equal group	동일한 집단 크기 절단점	사례들을 똑같은 크기의 집단으로 나누어 각 집단별 변인값이 얼마인지 알려줌. 기본값은 10개 집단(10%)이나, 연구자가 3개 혹은 5개 집단으로 나눌 수 있으며, 그 숫자를 입력
□Percentile(s) ▭	백분위값	집단 중 몇 % 위치에 해당하는 사례의 값을 알고자

SPSS 명령어	통계 용어	내 용
		할 때 해당 %를 입력하고, Add 클릭

[2] Central Tendency(집중경향치)

SPSS 명령어	통계 용어	내 용
□Mean	평균치	각 사례의 측정치를 합한 후 사례수로 나눈 산술평균치
□Median	중앙치	전체사례를 상/하 50%씩 구분하는 사례의 측정치로 50percentile
□Mode	최빈치	집단 중 가장 많은 사례가 지니고 있는 값
□Sum	합계	각 사례들의 측정치를 합한 전체 값

[3] Dispersion(변산도)

SPSS 명령어	통계 용어	내 용
□Std.Deviation	표준편차	평균치로부터 개별 사례들이 떨어져 있는 거리를 표준화한 값
□Variance	변량	표준편차를 자승한 값으로 표준편차와 동일한 기능 수행
□Minimum	최소치	측정치들 중 최소값
□Maximum	최대치	측정치들 중 최대값
□Range	범위	최고값(H)과 최소값(L) 간의 차/ R=H−L
□S.E.Mean	평균치의 표준오차	각 표본 평균치들 분포의 표준편차

[4] Disrribution(분포) : 측정치들의 분포는 정상분포에 얼마나 접근하는가를 파악

SPSS 명령어	통계 용어	내 용
□Skewness	왜도(歪度)	점수분포곡선이 좌/우로 얼마나 기울어져 있는가/ 0일 경우 정상분포곡선, 0보다 크면 왼쪽으로, 작으면 오른쪽으로 기울어져 있는 곡선임
□Kurtosis	용도(聳度)	점수분포가 얼마나 뾰쪽하게 솟아 있는가/ 0이면 정상분포곡선이며, 0보다 크면 뾰쪽하게 솟아있고, 작으면 평퍼짐하게 분포된 것임

1.3 Charts... 를 클릭하면, Frequencies : Charts 창이 열리며, 2개의 영역이 나

타남

[1] Chart Type(도표 유형)

SPSS 명령어	통계 용어	내 용
◎None		도표를 그리지 않음
◎Bar charts	막대도표	X축의 유목별(예 : 성별)로 빈도 혹은 백분율 그래프
◎Pie charts	원도표	원 그림
◎Histograms □With normal curve	히스토그램 정상분포 곡선 표시	막대그래프를 연속하여 그리기와 정상분포곡선을 그리기

[2] Chart Values(그래프를 어떤 자료로 그릴 것인가)

SPSS 명령어	통계 용어	내 용
◎Frequencies	빈도 기준	빈도를 기준으로 표 그리기
◎Percentages	백분율 기준	백분율을 기준으로 표 그리기

2] Descriptives...(기술통계분석) : 가장 먼저 분석할 기초적 통계

분석할 수 있는 통계
(1) 측정자료가 동간척도 혹은 비율척도로 측정한 경우
(2) 앞의 Frequencies 분석과 거의 동일한 분석

2.1 **TopMenu⇒ Analyze ⇒ Descriptive Statistics ⇒ Descriptives...**

⇒ □Descriptives 변인 중 빈도분석할 변인을 Variable(s) 창으로 옮김

⇒ Options...를 클릭하여 분석할 통계치의 종류를 선택하고, Continue 클릭

⇒ 만약에 측정치를 표준점수로 전환하여 분석할 필요가 있으면

□Save standardized values as variables를 지정해 줌

⇒ OK

2.2 Options... 을 클릭하면, Frequencies : Statistics 창이 열리며,

(1) Mean(평균치)

(2) Sum(총합계)

(3) Dispersion(변산도)

(4) Distribution(분포도)

(5) Display Order(분석결과의 출력 방식) 등이 제시됨. 이들 분석 종류들을 선택함

2.3 □Save standardized values as variables를 지정하는 경우는 어떤 경우?

(1) 변인의 측정치가 불규칙적인 값으로 계산될 경우

[예 : 가정적 자아개념은 20점 만점이며, 학업적 자아개념은 30점 만점으로 측정되어 양자를 비교할 경우]

(2) Top Menu ⇒ Descriptives Statistics ⇒ Descriptives ⇒ 표준점수로 전환할 변인을 “Variable(s)" 창으로 옮김 ⇒ Save standardized values as variables 명령어 클릭

⇒⇒ 그러면, Data View 창에 표준점수로 전환한 변인들이 새로 생성됨

$$\text{표준점수 } Z = \frac{X-M}{SD}$$

마. 상관계수

● 두 변인(X, Y) 간의 관련성을 '相關'이라고 하며, 상관되어 있는 정도를 '相關係數'라고 부름

● 상관계수의 분석은 분석할 자료의 성질에 따라서, 두 변인 간의 관계에 대한 가정에 따라서 서로 다른 통계적 분석 방법이 적용됨

1] 상관계수를 계산하는 예 몇 가지

[1] 지능과 학업성적 간에는 어떤 관계(상관)가 있는가?

[2] 국어 성적과 수학 성적 간에는 어떤 관계가 있으며, 이러한 상관은 성별에 따라서 차이가 있는가?

[3] 1학기 성적과 2학기 성적 간에는 어떤 관계가 있는가?

[4] 교직적성과 직업만족도와의 관계는?

2] 상관계수의 성질

[1] 크기와 방향

[2] 계수이며, 절대영점이 없음

[3] 상관계수의 범위 : 1 ~ 0 ~ −1

3] 적률상관계수

[1] 산출 요건

① 변인 X와 Y는 모두 정상분포를 이루어야 함

② 변인 X와 Y는 모두 동간척도 이상이어야 함

③ 두 변인은 직선적 관계를 지녀야 함

④ 각 X점수에 대응하는 Y점수의 변량, 각 Y점수에 대응하는 X점수의 변량이 동일해야 함(동변량성 가정)

[2] 계산 방법

① 적률상관계수

$r=\frac{\sum \chi y}{\sqrt{(\sum x^2)(\sum y^2)}}$ [χ =X−M_X, y =Y−M_Y] ---편차점수에 의한 계산 …… **[공식 8]**

$= \frac{\sum xy}{N \cdot \sigma x \cdot \sigma y}$ -------------편차와 표준편차를 이용한 계산 ……… **[공식 9]**

$= \frac{N\sum XY-(\sum X)(\sum Y)}{\sqrt{[N\sum X^2-(\sum X)^2][N\sum Y^2-(\sum Y)^2]}}$ ---원점수에 의한 계산 ……… **[공식 10]**

[상관계수 계산 절차]

☛

X	Y	x(X-Mx)	x^2	y(Y-My)	y^2	x·y
		$\sum x$	$\sum x^2$	$\sum y$	$\sum y^2$	$\sum x \cdot y$

☛

X	Y	X^2	Y^2	X·Y
ΣX	ΣY	ΣX^2	ΣY^2	ΣX·Y

[3] 상관계수(r)의 유의도 검증

① 두 변인 간 상관계수는 어느 정도 신뢰할 수 있는가 혹은 어느 정도 유의한 상관이라고 할 수 있는가를 통계적으로 검증

[예제 4] 중학생 2학년 200명을 대상으로 학업자아개념(X)과 학업성취도(Y) 간에 r=.45가 나타났다. 두 변인 간 상관은 모집단에서도 역시 이러한 상관계수가 존재한다고 말할 수 있는가? 만약 '그렇다'면 이 말을 얼마나 믿을 수 있는가(95% 이상 믿을 수 있는가?)

(1) 상관계수의 유의도 검증 절차

① 가설 설정 : 영가설과 대립가설

$Ho : r=0 \quad H_A : r \neq 0$

② 유의수준 결정 : 영가설을 채택 혹은 기각하는 기준으로서 대체로 5%와 1%를 채택한다. 5% 유의수준은 α=.05, 1% 유의수준은 α=.01로 표기하기도 하고, 각각 p〈.05, p〈.01로 표기하기도 한다. 5%, 1% 등은 정상분포상의 면적 중 양쪽 끝 부분의 넓이를 나타냄 α=.05

③ 자유도 확인

t검증의 경우 : df=n−1 [n : 사례수]

F검증의 경우 : $df_1 = n-1 \qquad df_2 = n-k-1$ [k : 예측변인 수로서 1임]

t검증의 경우 df = n−1 = 200 −1 = 199

④ 임계치 결정 : 유의수준에 해당하는 t분포(정상분포)상의 위치 혹은 기준점이며, t값임

df가 199일 때 α=.05 수준에서 영가설을 부정하기 위한 t값의 임계치는 양방검증 시 1.98임

⑤ t분포 혹은 F분포상의 t값 혹은 F값 계산

$$t=\frac{r}{\sqrt{1-r^2}}\sqrt{n-2}\quad F=\frac{r^2}{1-r^2}(n-2)\quad \text{대표본의 경우는 } z=\frac{r}{S_r}$$

$$t=\frac{.45}{\sqrt{1-.45^2}}\sqrt{200-2}=\frac{.45}{0.89}\times 13.7=\frac{6.165}{0.89}=6.927$$

⑥ 자유도에 따른 임계치보다 크면 영가설을 부정하고, "유의한 상관이 있다"는 가설을 채택 계산된 t값은 α=.05 수준에서 유의하기 위한 1.98을 넘었으므로 "두 변인 간에는 상관이 없다"는 영가설을 부정하고, "두 변인 간에는 유의한 정적 상관이 있다"고 결론내림

4] 등위차 상관계수

두 변인의 자료가 모두 순위(등수)만 수집된 경우/ 사례수가 적은 경우(30이하)

[1] 스피어맨의 Roh, $\rho=1-\frac{6\sum d^2}{N(N^2-1)}$ ································ **[공식 11]**

[d : 두 변인의 등위의 차로, 중복등위의 경우 평균치로 등위를 정한다]

[예제 5] 어느 고등학교 영어 담당 교사가 학기말 영어 시험 성적과 입학 당시의 성적 간 상관계수를 구하고자 한다. 시험 성적은 원점수로 자료를 수집하였으나, 입학 당시 성적은 서열로만 표기된 자료를 가지고 있다. 자료는 〈표 6〉과 같다. 두 변인 간 상관계수는 얼마인가?

〈표 6〉 K고교생의 입학 당시의 성적 및 기말 영어 시험 성적

학생순	입학성적 순위	영어시험성적	영어성적 순위	d	d^2
1	8	74	15.5	7.5	56.25
2	7	77	14	7	49
3	1	95	1	0	0
4	20	68	22	2	4

학생순	입학성적 순위	영어시험성적	영어성적 순위	d	d^2
5	23	70	20.5	2.5	6.25
6	4	93	3	1	1
7	13	80	10.5	2.5	6.25
8	11	80	10.5	0.5	0.25
9	15	78	13	2	4
10	21	72	18.5	2.5	6.25
11	9	86	8	1	1
12	10	90	5	5	25
13	3	88	6.5	3.5	12.25
14	25	60	25	0	0
15	24	62	24	0	0
16	2	94	2	0	0
17	22	65	23	1	1
18	5	92	4	1	1
19	6	88	6.5	0.5	0.25
20	12	79	12	0	0
21	14	83	9	5	25
22	17	73	17	0	0
23	19	72	18.5	0.5	0.25
24	18	70	20.5	1.5	2.25
25	16	74	15.5	0.5	0.25
				$\sum d^2$	201.5

[[풀이]] 동점은 두 순위의 평균 순위를 동시에 부여함

$$\rho = 1 - \frac{6\sum d^2}{N(N^2-1)} = 1 - \frac{6\times 199.5}{25(25^2-1)} = \frac{1197}{25\times 624} = \frac{1197}{15600} = .08$$

[결과] 두 변인 간 상관은 거의 없음

5] 특수 상관계수

[1] 양류(兩類)상관계수 *rpb*

point-biserial correlation coefficient : 하나의 연속변인과 하나의 양분변인

[예 : 학교생활만족도와 학습자아개념/ 기억력과 흡연여부/ 문항정답과 총 점수]

$$r_{pb} = \frac{M_1 - M_2}{\sigma_X}\sqrt{pq} \quad \text{[공식 12]}$$

M_1 : 양분된 첫 집단(만족/ 기억력 상)의 평균치

M_2 : 양분된 다른 집단(불만족/ 기억력 하)의 평균치

p : 전체집단에 대한 첫 집단의 사례수 비율

q : 전체집단에 대한 다음 집단의 사례수 비율, 또는 1-p

[예제 6] 자아개념과 학교생활만족도 간 양류상관계수

학생	준거검사(X) (자아개념)	학교생활만족도 (Y)	계 산
1	25	1	
2	23	1	
3	18	0	
4	24	0	N = 15
5	23	1	N_1(만족) = 9
6	20	0	N_2(불만족) = 6
7	19	0	M_1 = 201/9 = 22.33
8	22	1	M_2 = 122/6 = 20.33
9	21	1	S = 1.82 [준거검사의 표준편차]
10	23	1	$rpb = \frac{22.33-20.33}{1.82}\sqrt{.60\times .40}$
11	21	0	
12	20	0	= .54
13	21	1	
14	21	1	
15	22	1	
계	만족도 집단(1) 자아개념 총점 : 201		

학생	준거검사(X) (자아개념)	학교생활만족도 (Y)	계 산
	불만족 집단(0) 자아개념 총점 : 122		

[2] ***Ø* 또는 *rØ*계수**(Phi coefficient of correlation)

(1) 두 변인 모두 양분변인이면서 유목이 비연속적, 그 분포가 비정상적인 경우

[예 : 두 문항이 각각 O, X 형/ 결혼여부와 야당 支持 여부/ 도시와 농촌-정부 贊反]

	변인 X : 도시/농촌		
변인 Y 찬성	a	b	a+b
반대	c	d	c+d
	a+c	b+d	

$$r\varnothing = \frac{bc-ad}{\sqrt{(a+c)(b+d)(a+b)(c+d)}}$$ ·· **[공식 13]**

[예제 7] 고등학교 수학과 담당 L교사는 선택형 문항(7번 X)과 서답형 문항(20번 Y)에의 점수가 어느 정도 상관이 있는가에 관심이 있다. 150명이 응시한 시험에서 X문항에 정답 104명, 오답 46명이며, Y문항에는 정답 82명, 오답 68명이다. X문항 정답자 104명 중 Y문항에 62명이 정답을 했고, 42명이 오답을 했다. X문항에 오답한 46명 중 Y문항에 정답한 학생은 20명이며, 오답한 학생은 26명이다. 두 문항 간에는 어느 정도 상관이 있는가?

		문항 X		계
		오답	정답	
문항 Y	정답	20 [a]	62 [b]	82 [a+b]
	오답	26 [c]	42 [d]	68 [c+d]
계		46 [a+c]	104 [b+d]	150

$$r\varnothing = \frac{bc-ad}{\sqrt{(a+c)(b+d)(a+b)(c+d)}} = \frac{62\times 26-20\times 42}{\sqrt{82\times 68\times 46\times 104}} = \frac{1612-840}{5214} = \frac{772}{5214} = .148$$

두 문항 간 상관계수는 .148로 매우 낮은 상관이 있다. 따라서 선택형 문항과 서답형 문항 간에는 별 상관이 없다고 할 수 있다.

(2) *Φ는 2X2 유관표의* χ^2*과 밀접한 관련이 있으며, Φ는 2X2 유관표의* χ^2*이라고 할 수 있음. 즉* $\chi^2=N\Phi^2$*이다.* χ^2*에서 Φ를 구하는 공식 :* $\Phi = \sqrt{\frac{\chi^2}{N}}$ ……………………[공식 14]

[3] **유관계수** C(類關係數, Contingency coefficient of correlation)

(1) Φ의 연장이라고 할 수 있음

(2) Φ와는 달리 2X2 유관표 뿐만 아니라 2X3, 3X3, 3X4 유관표에서도 계산 가능

(3) C는 χ^2검증과 동일. 다만 두 변인 간 관계를 확률적으로 검증해 주는가, 상관계수로 표현해 주는가의 차이만 있음.

$C = \sqrt{\frac{S-N}{S}}$ 또는 $C = \sqrt{\frac{\chi^2}{N+\chi^2}}$ ……………………………………… [공식 15]

[S : 각 칸의 빈도를 제곱하고 이를 해당 칸의 이론빈도로 나누어 계산]

[**예제** 8] 성적과 사회성과의 상관계수(유관계수 C)

		성적 상	중	하	N
사회성	상	62	34	28	124
	중	27	28	20	75
	하	57	105	52	214
N		118	195	100	413

(1) 이론빈도 계산

$118\times124\div413=35.4$ $195\times124\div413=58.5$ $100\times124\div413=30.0$

$118\times75\div413=21.4$ $195\times75\div413=35.4$ $100\times75\div413=18.2$

$118\times214\div413=61.1$ $195\times214\div413=101.0$ $100\times214\div413=51.8$

(2) S 계산

$(62)^2 \div 35.4 = 108.6$ $(34)^2 \div 58.5 = 19.8$ $(28)^2 \div 30 = 26.1$

$(27)^2 \div 21.4 = 34.1$ $(28)^2 \div 35.4 = 22.1$ $(20)^2 \div 18.2 = 22.0$

$(57)^2 \div 61.1 = 53.2$ $(105)^2 \div 101.0 = 109.2$ $(52)^2 \div 51.8 = 52.2$

S = 108.6+19.8+26.1+34.1+22.1+22.0+53.2+109.2+52.2 = 447.3

(3) C 계산 $C = \sqrt{\dfrac{447.3 - 413}{447.3}} = .277$

[4] Kendall의 일치계수 W(coefficient of concordance)

- 세 명 이상, 혹은 세 개 이상의 변인들의 순위의 일치도로서 일종의 순위평가의 일치도 혹은 합치도임.
- 예 : 5명의 면접관이 평가한 결과의 순위 자료에서 5명의 면접 결과의 일치도

(1) 동일순위가 없는 경우

$$W = \frac{\frac{1}{n}\sum(S_i - \overline{S})^2}{\frac{1}{12}K^2(n^2-1)}$$ ………………………………………………………… **[공식 16]**

[S : 각 대상별 순위의 합계, $\overline{s}$: 전체 대상의 평균순위

n : 대상수, K : 변인수(평가자 수)]

[예제 9] 다음 표는 4명의 3학년 담임교사가 6개 반 반장(6명)의 리더십을 비교 평가하여 그 결과를 순위로 나타낸 것이다. 4명 교사의 순위평가의 일치계수를 구하라.

	김철수	신영희	이정훈	차동철	김명철	황애자
교사 1	5	3	4	2	6	1
교사 2	4	1	5	3	6	2
교사 3	4	2	5	1	6	3
교사 4	4	3	5	2	6	1

[[풀이]]

	김철수	신영희	이정훈	차동철	김명철	황애자	계
교사 1	5	3	4	2	6	1	21
교사 2	4	1	5	3	6	2	21
교사 3	4	2	5	1	6	3	21 n=6
교사 4	4	3	5	2	6	1	21 K=4
① 순위합 Si	17	9	19	8	24	7	84 $\bar{s}$=14
② Si − S	3	−5	5	−6	10	−7	0
③ $(S_i-\bar{S})^2$	9	25	25	36	100	49	244

④ $W=\dfrac{\dfrac{244}{6}}{4^{\,2}\times\dfrac{(36-1)}{12}}=.871$

(2) 동일순위가 있는 경우

$$W=\frac{n\sum S^2-T^2}{nk(\sum X^2+\sum Y^2+\cdots+\sum Z^2)-T^2}\quad \text{단, } T=n\bar{S}=\frac{kn(n+1)}{2}$$ ········· **[공식 17]**

[예제 10] 다음 자료는 입학응시자 6명의 무용작품을 3명의 심사위원이 순위를 정한 것이다. 일치계수가 .70을 넘지 않으면 재심사를 하기로 하였다. 재심을 해야 할 상황인지 판단하라.

	학생 1	2	3	4	5	6	
심사자1	1	4.5	2	4.5	3	6	21
심사자2	2.5	1	2.5	4.5	4.5	6	21
심사자3	2	1	3	5	5	6	21
순위합 Si	5.5	6.5	7.5	14	12.5	17	63

[[풀이]]

(1) T를 구함 (T는 순위의 합계와 일치해야 함)

$$T=\frac{kn(n+1)}{2}=\frac{3\times6\times7}{2}=63$$

(2) 순위합의 제곱과, 그 자승합 계산

$$\sum S^2 = 5.5^2 + 6.5^2 + 7.5^2 + 14^2 + 12.5^2 + 17^2 = 770$$

$$\sum X^2 + \sum Y^2 + \sum Z^2 = (1^2 + 4.5^2 + \cdots + 6^2) + (2.5^2 + 1^2 + \cdots + 6^2) + (2^2 + 1^2 + \cdots + 5^2) = 90.5 + 90 + 89 = 269.5$$

(3) 공식에 대입

$W = \dfrac{6 \times 770 - 63^2}{6 \times 3 \times 269.5 - 62^2} = \dfrac{651}{882} = .738$ 결론 : 일치계수가 .70을 넘으므로 재심 불요

[5] 상관비 η (相關比 이이터 계수, correlation ratio)

(1) 두 변인의 관계가 곡선적일 때

(2) 연령과 기억력/ 연령과 작업능률/

[6] 부분상관계수(片상관계수) : 여러 변인 간 상호 상관을 지닐 때, 특정 변인 통제 시 두 변인 간 순수한 상관을 밝힐 경우

(1) 일차 부분상관

$$r_{12.3} = \frac{r_{12} - r_{13} r_{23}}{\sqrt{1 - r_{12}^2}\sqrt{1 - r_{23}^2}} \quad r_{13.2} = \frac{r_{13} - r_{13} r_{23}}{\sqrt{1 - r_{12}^2}\sqrt{1 - r_{23}^2}} \quad \cdots\cdots\cdots\cdots \text{[공식 18]}$$

$r_{12.3}$: 변인 3을 제거(통제)한 경우의 변인 1과 변인 2간의 1차부분상관

$r_{13.2}$: 변인 2를 제거(통제)한 경우의 변인 1과 변인 3간의 1차부분상관

r_{12} /r_{13} /r_{23} : 각 두 변인 간의 0차 상관(단순상관계수)

(2) 2차의 부분상관

$$r_{12.34} = \frac{r_{12.3} - r_{14.3} r_{24.3}}{\sqrt{1 - r_{14.3}^2}\sqrt{1 - r_{24.34}^2}} \quad \cdots\cdots\cdots\cdots \text{[공식 19]}$$

(3) 3차의 부분상관

$$r_{12.345} = \frac{r_{12.34} - r_{15.34} r_{25.34}}{\sqrt{1 - r_{15.34}^2}\sqrt{1 - r_{25.34}^2}} \quad \cdots\cdots\cdots\cdots \text{[공식 20]}$$

[공식 19]를 풀기 위한 절차

(1) r_{12} /r_{13} /r_{14} /r_{15} /r_{23} /r_{24} /r_{25} /r_{34} /r_{35} /r_{45} 의 단순상관계수를 구함

(2) $r_{12.3}$ /$r_{14.3}$ /$r_{15.3}$ /$r_{24.3}$ /$r_{45.3}$ /$r_{25.3}$ 의 1차 부분상관계수를 구함

$$r_{12.3} = \frac{r_{12} - r_{13} r_{23}}{\sqrt{1 - r_{13}^2}\sqrt{1 - r_{23}^2}} \quad r_{14.3} = \frac{r_{14} - r_{13} r_{34}}{\sqrt{1 - r_{13}^2}\sqrt{1 - r_{34}^2}}$$

$$r_{24.3} = \frac{r_{24} - r_{23} r_{34}}{\sqrt{1 - r_{23}^2}\sqrt{1 - r_{34}^2}} \quad r_{15.3} = \frac{r_{15} - r_{13} r_{35}}{\sqrt{1 - r_{13}^2}\sqrt{1 - r_{35}^2}}$$

$$r_{45.3} = \frac{r_{45} - r_{34} r_{35}}{\sqrt{1 - r_{34}^2}\sqrt{1 - r_{35}^2}} \quad r_{25.3} = \frac{r_{25} - r_{23} r_{35}}{\sqrt{1 - r_{23}^2}\sqrt{1 - r_{35}^2}}$$

(3) $r_{12.3}$ /$r_{14.3}$ /$r_{15.3}$ 의 2차 부분상관계수를 구함

$$r_{12.34} = \frac{r_{12.3} - r_{14.3} r_{24.3}}{\sqrt{1 - r_{14.3}^2}\sqrt{1 - r_{24.3}^2}} \quad r_{15.34} = \frac{r_{15.3} - r_{14.3} r_{45.3}}{\sqrt{1 - r_{14.3}^2}\sqrt{1 - r_{45.3}^2}}$$

$$r_{25.34} = \frac{r_{25.3} - r_{24.3} r_{45.3}}{\sqrt{1 - r_{24.3}^2}\sqrt{1 - r_{45.3}^2}}$$

(4) 이상에서 구한 값들을 **[공식 20]**에 대입

[형성평가 6] 다음은 W중학교 학생들의 교사와의 관계(1), 교과 성적(2), 학교생활 만족도(3) 등의 관계를 밝히기 위해 각 변인을 측정한 후 변인들 간 상관계수를 구한 것이다.

$r_{12} = .68$ $r_{13} = .40$ $r_{23} = .50$

학업성적과 지능, 학업성적과 학교생활만족도의 순수한 상관계수는 얼마인가?

[[풀이]]

(1) 교사와의 관계와 교과 성적 간의 순수한 상관관계를 밝히기 위하여 이 두 변인에 공통적으로 영향을 주고 있을지도 모르는 '학교생활만족도' 변인을 제거한 경우의 상관계수를 구함

$$r_{12.3} = \frac{r_{12} - r_{13}r_{23}}{\sqrt{1-r_{13}^2}\,\sqrt{1-r_{23}^2}} = \frac{.68 - .40 \times .50}{\sqrt{1-.40^2}\,\sqrt{1-.50^2}} = \frac{.68 - .20}{\sqrt{1-.16}\,\sqrt{1-.25^2}}$$
$$= \frac{.48}{.92 \times .87} = \frac{.48}{.80} = .60$$

$$r_{13.2}=\frac{r_{13}-r_{12}r_{23}}{\sqrt{1-r_{12}^2}\sqrt{1-r_{23}^2}}=\frac{.40-.68\times.50}{\sqrt{1-.68^2}\sqrt{1-.50^2}}=\frac{.40-.34}{.635}=\frac{.06}{.635}=.09$$

$$r_{23.1}=\frac{r_{23}-r_{12}r_{13}}{\sqrt{1-r_{12}^2}\sqrt{1-r_{13}^2}}=\frac{.50-.68\times.40}{\sqrt{1-.68^2}\sqrt{1-.40^2}}=\frac{.228}{.672}=.34$$

(2) 해석 : 학교생활만족도 변인을 통제했을 때, 지능과 교과성적 간의 순수한 상관은 .60, 학업성적 변인을 통제했을 때, 지능과 학교생활만족도 간에는 .09의 상관이, 그리고 지능 변인을 통제했을 때 교과 성적과 학교생활만족도 간에는 .34의 상관이 있다. 따라서 교과 성적의 영향을 통제하지 않은 상태에서의 지능과 학교생활만족도 간 상관계수가 .40이던 것이 이를 통제했을 때는 .09로 거의 상관이 없음을 알 수 있다.

6] 상관계수 해석 방법

[1] 언어적 해석

.90 이상 : 극히 높은 상관

.70–.89 : 높은 상관

.40–.69 : 보통의 상관

.20–.39 : 낮은 상관

.00–.19 : 상관이 없거나 극히 낮은 상관

[2] 변량에 의한 해석방법

r의 제곱, 즉 r^2을 결정계수라고 하는데, 이 값은 변인 X가

변인 Y의 변량을 설명하는 양을 일컫는다.

예 : 지능(X)과 성적(Y)의 r=.60이라면, X에 의하여 설명할 수 있는 Y변량은 36%이며, 나

머지 64%는 X가 아닌 다른 어떤 변인이 Y변인 변량에 작용했다고 할 수 있다.

[익힘문제 3]

[부록 6]의 자료를 가지고 남학생과 여학생의 학업자아개념과 성적 간의 상관계수를 구하고, 이를 비교하라.

> **SPSS 이용법**
> 1. Analyze ⇒ Correlation ▶ (1) Bivariate(2변인상관계수)
> (2) Partial(편상관계수 : 통제변인의 통제시)
> (3) Distances(거리측도)
> Bivariate ⇒ 변인창에서 상관관계 분석 변인을 지정하여 'Variables:'난으로 이동
> ⇒ 상관관계 종류 지정 ⇒ 상관계수의 유의도 검증 유형(양방/ 일방) 지정
> ⇒ Flag significant correlations[유의도가 .05 이하인 경우 *표시를 제시하게 함) 지정
> ⇒ OK
> 2. 적률상관계수, Kendall의 W, Spearman의 로(ρ) 등은 상관관계 메뉴에서, 상관비(이타), 기타 상관관계 분석은 Crosstabs(교차분석) 메뉴의 Statistics 옵션에서 해당하는 상관계수 분석 명령어 선택

** Partial Correlation : 학습동기와 학업성취도의 상관을 구할 경우, 두 변인의 상관에 영향을 미칠 것으로 예상(이론적으로)되는 학업자아개념 변인을 통제한 후 상관을 구함.

Analyze ⇒ Correlation ▶ Partial ⇒ 변인창에서 상관을 분석할 변인(2개)을 클릭하여 Variables : 창으로 옮김 ⇒ Controlling for : 창에 통제변인을 이동시킴

마. 상관계수를 이용한 예측

> (1) 일련의 통계치가 계산되었을 때, 한 변인의 특정 값에 해당하는 다른 한 변인의 값을 예측할 필요가 있다. 이 경우, 측정에 참여한 사례라면 예측은 불필요하다. 그러나 측정에 참여하지 않은 사례라면 예측을 위한 통계적 방법이 요구됨.
> (2) 300명의 중학생 지능지수(X)와 성적(Y)이 측정된 경우, X=125일 때 Y=?/ Y=70인 학생의 지능지수 X=?
> (3) 사회성(X)으로 도덕성(Y)을 예측하거나, 도덕성(Y)으로 사회성(X)을 예측

		학습자아개념(X)											fy	Mx
		48-50	51-53	54-56	57-59	60-62	63-65	66-68	69-71	72-74	75-77	78-80		
성적 Y	180-182										①	①	2	77.5
	177-179								①	①	①	①	4	74.5
	174-176						①	①	②	②	②	①	9	72.0
	171-173					①	②	②	③	③	①		12	69.0
	168-170					①	④	②	④	②	①		14	68.1
	165-167				①	④	⑥	⑤	②	①			19	65.5
	162-164			①	①	④	⑤	③					14	63.1
	159-161		①	①	③	③	①	①					10	59.5
	156-158		①	③	②	①							7	56.3
	153-155	①	②	②	①								6	53.5
	150-152	①	①	①									3	52.0
fx		2	5	8	8	14	19	14	12	9	6	3	100 Sy=6.99	
My		152.5	155.2	156.6	159.6	163.8	166.6	166.9	171.0	172.0	175.0	178.0	Sx=6.78	

[그림 7] **중학생 100의 학습자아개념과 성적 측정치의 산포도 [○의 숫자는 사례수임]**

[그림 7] 해석

(1) 학습자아개념과 성적 간에는 직선적 관계가 있다. 즉 학습자아개념이 높아짐에 따라서 성적도 높아지는 경향이 분명하다. 두 변인 간에는 정적 상관이 있으나, 그 상관은 1은 아니다.

(2) fx(X변인 각 급간에 해당하는 빈도)와 fy(Y변인 각 급간에 해당하는 빈도)를 보면 중간 부분에 보다 많은 사례가 집중되어 있다.

(3) 조건분포의 평균치(Mx, My)들을 지나는 선을 그으면 대략 직선을 그을 수 있다. 직선은 X, Y 두 변인에 대하여 그을 수 있으며, 이를 회귀선(평균치로 되돌아 가는 선)이라고 한다.

(4) 최소자승법(least square principle) : 각 점수와 그은 회귀선상의 점수 간의 차(편차)의 제곱의 총합이 가장 적은 값이 되도록 회귀선을 긋는 방법. [그림 7]에서 윗 선과 아랫 선 두 개의 회귀선으로 편차제곱의 합을 구하면 윗 선의 경우가 더 작은 값이 됨.

(5) 회귀선을 기초로 일차방정식을 유도하며, 예측에서는 이 식을 '회귀방정식'이

라고 한다.

(6) 두 변인 각각의 기초통계치는 다음과 같다.

$M_x = 64.6 \quad M_y = 165.9 \quad Sx = 7.11 \quad Sy = 6.99$ r=.83

1] 회귀방정식 구하기와 예측

[1] 편차에 의한 회귀방정식

☛ X로 Y를 예측

$\overline{y} = r\frac{Sy}{Sx}x$ ·· **[공식 21]**

[$\overline{y}$: 예측하려는 변인 Y값, r : 두 변인 간 상관계수,

S : 두 변인 각각의 표준편차, x : X변인의 편차(X−Mx)]

기초통계치를 **[공식 21]**에 대입하면, $\overline{y} = r\frac{Sy}{Sx}x = .84\frac{6.99}{7.11}x = .83x$ 곧, $\overline{y}$=.83x

학습자아개념이 그 평균치로부터 5만큼 위로 떨어져 있는 학생은(x=5, 69.6—64.6) 성적의 평균치로부터 얼마만큼 떨어져 있는가를 예측하려고 한다고 가정하자.

y' = .83X5 = 4.14 따라서 Y변인의 평균치로부터 +4.14만큼 큰 값을 지닐 것으로 예측됨

☛ Y로 X를 예측

x' = $r\frac{Sx}{Sy}y$ [예측의 논리는 위와 같음] ·································· **[공식 22]**

[2] 점수에 의한 회귀방정식

☛ X로 Y를 예측

$\overline{y} = r\frac{Sy}{Sx}x \Rightarrow Y' - My = r\frac{Sy}{Sx}(X - Mx)$ ······························ **[공식 23]**

[Y' : 예측하려는 변인 Y값, r : 두 변인 간 상관계수,

S : 두 변인 각각의 표준편차]

기초통계치를 **[공식 23]**에 대입하면, $Y'-My=.83\frac{Sy}{Sx}(X-Mx)$ ⇒ $Y'=.83\frac{Sy}{Sx}(X-Mx)+My$

학습자아개념(X)으로 성적을 예측하기 위한 회귀방정식은

$Y'=.83\frac{6.99}{7.11}(X-64.6)+165.9 = 0.82X-52.97+165.9 = 0.82X+112.93$

학습자아개념(X)이 60인 학생의 성적을 예측하기 위한 회귀방정식은

$Y' = 0.82X+112.93 \Rightarrow 0.82\times60+112.93 = 162.13$

따라서 학습자아개념(X) 점수가 60인 학생의 성적(Y)은 162 정도로 예측됨

☛ Y로 X를 예측

$X' = r\frac{S_x}{S_y}(Y-M_y)+M_x$ [예측의 논리는 위와 같음] ……………… **[공식 24]**

[1] 성적(Y)으로 학생의 학습자아개념(X) 점수를 예측하기 위한 회귀방정식은?

$X' = .83\frac{7.11}{6.99}(Y-165.9)+64.6 \Rightarrow X' = 0.84(Y-165.9)+64.6$

$= 0.84Y-139.36+64.6 = 0.84Y-74.76$

[2] 성적(Y)이 170인 학생의 학습자아개념(X)은 대략 몇 점으로 예측할 수 있는가?

$X'=0.84\times170-74.76 = 68.04$

따라서 성적이 170인 학생의 학습자아개념은 대략 68점 정도로 예측됨

[익힘문제 4] 어느 중학교 학생들(158명)의 학교생활만족도(X)와 성적(Y)에 관한 기초통계치가 다음과 같다.

학교생활만족도(X) : Mx=36 Sx=5.5

성적(Y) : My=70 Sy=9.0 $r_{xy}=.54$

〈문제 1〉 편차에 의한 회귀방정식을 구하라.

〈문제 2〉 학교생활만족도가 30인 학생의 성적을 예측하라.

〈문제 3〉 성적이 75인 학생의 학교생활만족도는 얼마나 될지 예측하라.

2] 회귀방정식에 의한 예측은 정확한가?

[1] 두 변인 간 r=1이 아닌 경우에는(산포도에서 모든 점들이 직선에 모여 있지 않은 경우) 정확하지 못함

[2] 예측을 정확하게 하기 위해서는 단일 측정치보다는 예측한 값의 범위를 정해 예측할 필요가 있음 {예 : [그림 7]을 보면, 학습자아개념이 64인 경우 성적은 159에서 176까지 분포되어 있으므로 159-176으로 예측하면 정확한 예측이 됨}

[3] 예측한 값의 범위를 정하기 위한 방법으로 추정의 표준오차(standard error of estimate)를 이용함

[4] 추정의 표준오차는 σ(est)로 나타내며,

X점수로 Y점수를 예측할 때는 $\sigma(estY) = Sy\sqrt{1-r^2}$ ………………… **[공식 25]**

[Sy : Y변인의 표준편차, r : 상관계수]

Y점수로 X점수를 예측할 때는 $\sigma(estX) = Sx\sqrt{1-r^2}$ ………………… **[공식 26]**

[Sx : X변인의 표준편차, r : 상관계수]

[5] 예측의 정확성 정도를 신뢰도라고 하며, 교육 · 심리 · 사회 통계학에서는 통상 95%(신뢰도 계수 1.96)와 99% 신뢰도(신뢰도 계수 2.58)를 적용하여 예측함

[6] 일정 신뢰도 수준에서의 예측 방법

X로 Y를 예측할 경우 : My ± 1.96 X σ(estY) ………………………… **[공식 27]**

(Y평균치) (95% 신뢰계수) (추정의 표준오차)

Y로 X를 예측할 경우 : Mx ± 1.96 X σ(estX) ………………………… **[공식 28]**

(X평균치) (95% 신뢰계수) (추정의 표준오차)

[예제 11]

[그림 7]에서, 학습자아개념(X)이 60인 학생의 성적(Y)을 95% 신뢰수준에서 예측하고, 해석하라.

(1) My : 165.9

(2) 95% 신뢰수준에서의 신뢰계수 : 1.96

(3) Y변인의 추정의 표준오차 : $\sigma(estY) = Sy\sqrt{1-r^2} = 6.99\sqrt{1-.83^2} =$

6.99 X 0.56 = 3.91

(4) 165.9 ± 1.96 X 3.91 = 165.9±7.66 ⇒ 158.2 ~ 173.6

(5) 따라서 학습자아개념(X)이 60인 학생의 성적(Y)은 158 ~ 173 사이로 예측할 수 있으며, 이러한 예측의 정확도는 약 95%가 된다. [혹은 학습자아개념(X)이 60인 학생의 성적(Y)을 95% 신뢰수준에서 예측하면 158 ~ 173 사이가 될 것이다.]

제 2 장

정상분포곡선과 통계적 분석

1. 정상분포곡선의 조건
2. 비정상분포
3. 정상분포곡선 수표를 이용한 문제해결 방법

(1) 전국의 중학교 2학년 학생을 대상으로 국어, 수학, 영어 등의 교과 성적을 분포로 그리거나, 어느 지역 학생들의 지능검사 결과 지능지수의 분포를 그래프로 그리면 대체로 정상분포곡선을 그린다.
(2) 집단의 측정치들의 사례수 분포는 가운데(평균치)에 가장 많은 사례가 몰려 있어 뾰쪽하며, 좌우로 갈수록 적어지다가 X축에 무한히 접근한다.
(3) 측정치들의 분포가 정상분포를 이룰 경우, 평균치를 중심으로 좌우에 각각 50%의 사례가 포함된다. 또한 M±1SD에 전체 사례수의 68.26%가, M±2SD 이내에 95.44%가, 그리고 M±3SD 이내에 99.74%가 포함된다.
(4) 정상분포곡선은 지능이나 성격 등의 정신능력 측정 및 교육과 심리의 연구, 특히 교육측정과 평가에 중요한 역할을 한다.
(5) 통계분석을 위한 자료가 정상분포에 접근하면 할수록 오류가 적어지며, 특히 추정을 위한 통계의 경우 추정의 정확성이 높아진다.
(6) 그러므로 통계적 분석을 위한 자료수집은 측정치의 분포가 정상분포에 접근하도록 이루어져야 한다.

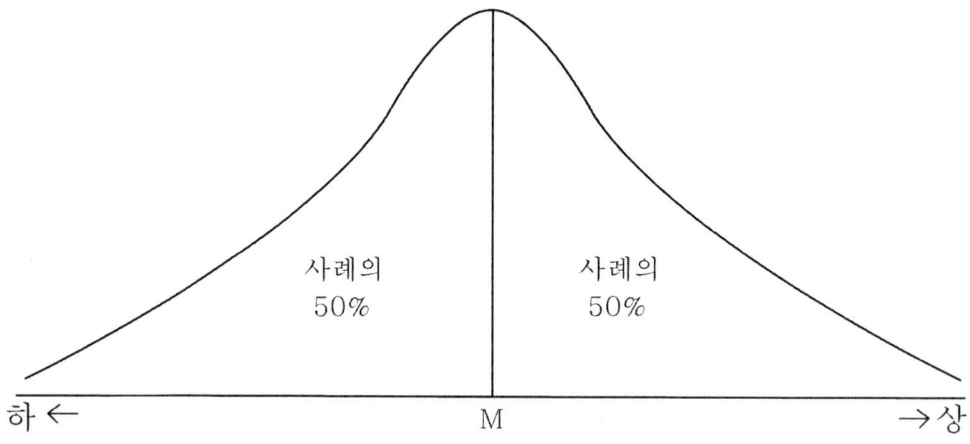

[그림 8] **정상분포곡선**

1. 정상분포곡선의 조건

가. 표집의 비편파성

나. 표본의 크기

2. 비정상분포

가. 편포도 = $\frac{3(M-Mdn)}{SD}$ ………………………………………………………… [공식 29]

이 값이 0이면 정상분포, +부호로 커질수록 정적 편포, −부호로 커질수록 부적 편포

나. 용도(聳度) $g=\frac{U_1}{U_2^2}-3$ $U_1=\frac{\Sigma x^2}{N}$ $U_2=\frac{\Sigma x^2}{N}=S^2$ …… [공식 30]

g값이 0이면 중용적 분포, g〉0이며 그 값이 클수록 첨용, 그 반대일수록 평용적 분포

3. 정상분포곡선 수표를 이용한 문제해결 방법

가. 정상분포곡선의 이해

1] 원점수 분포는 이론적인 정상분포곡선을 이루지 않음

2] 정상분포곡선은 원점수를 표준점수(Z)로 전환하여 분포를 정규화 한 것임

3] 표준점수 Z= $\frac{X-M}{SD}$ 로서 통상 소숫점 2자리까지 표기됨 …………… [공식 31]

4] 따라서 Z점수에 의한 정상분포곡선에서의 평균치는 0, 표준편차는 1

5] 정상분포곡선 아래의 면적은 100%(혹은 비 1)이며, 이는 전체 사례수를 나타냄

6] 정상분포곡선 아래의 면적은 Z점수에 의해 분할됨(예 : Z=0일 경우 곡선 아래의 좌우 면적은 각각 50%이며, 이는 전체 사례수를 50%씩 나누는 지점임을 나타냄)

7] 정상분포곡선 수표[**부록 9**]는 Z점수에 의해 분할되는 정상분포곡선 아래의 면적을 컴퓨터에 의해 구하여 제시하고 있는 자료임

나. 정상분포곡선 관련 문제 해결

[**예제 12**] 다음은 어느 고등학교 학생들의 영어 시험 성적에 관한 통계치이다. 성적 분포가 정상분포를 이룬다고 가정할 때 다음 질문에 답하라. N=300, M=75, SD=12
문제 1 : 70점보다 낮은 점수를 받은 학생은 몇 명인가?
문제 2 : 73점부터 78점까지를 성적 '중 집단'으로 분류하고자 한다. 이 집단으로 분류

되는 학생은 모두 몇 명인가? 문제 3 : 하위 25%에 속하는 학생들에게 방과 후 보충과정을 실시하려고 한다. 이 과정을 이수해야 할 학생은 몇 점 이하를 받은 학생인가? 문제 4 : 학생 전체를 수(10%), 우(20%), 미(40%), 양(20%), 가(10%) 등 5개 집단으로 분류하려고 한다. 각 등급에 해당하는 점수는 얼마인가?

1] 문제 풀이 1

[1] 1단계 : X=70을 Z점수로 전환하면, 70−75/12 = −0.42

[2] 2단계 : 부록 정상분포곡선 수표에서 Z=0.42보다 작은 면적 비율 확인하면 .3372

[3] 전체 사례수의 .3372는 300 X .3372 = 101.16으로 약 101명

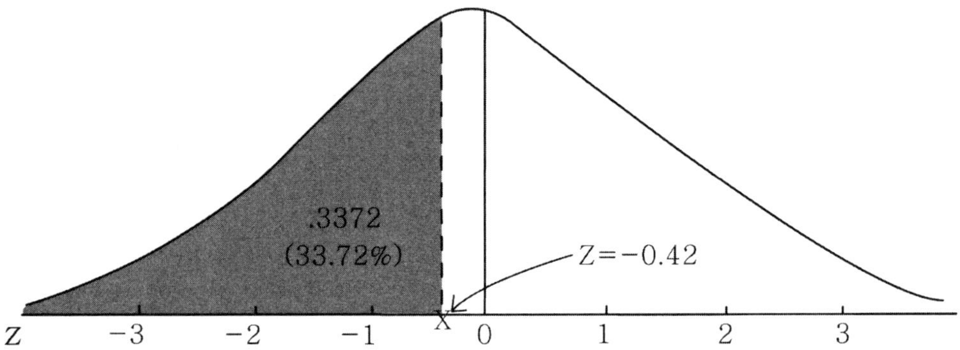

[그림 9] X=70에 해당하는 Z점수의 위치와 면적

2] 문제 풀이 2

[1] 1단계 : X=73과 X=78을 Z점수로 환산하면, 73−75/12=−0.17/ 78−75/12=0.25

[2] 2단계 : 부록 정상분포곡선 수표에서 Z=0.17에서 M까지의 면적은 .0675, M에서 Z=0.25까지의 면적은 .0987이므로 이 두 면적을 합하면 0.1662

[3] 3단계 : 이 면적을 사례수로 전환하면 .1662 X 300=49.86, 즉 약 50명

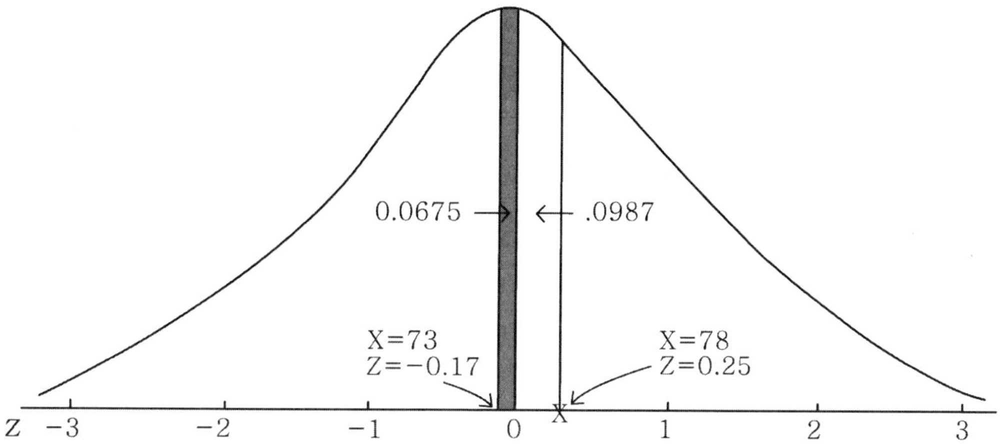

[그림 10] X=73, X=78에 해당하는 Z점수의 위치와 면적

3] 문제 풀이 3

[1] 1단계 : 하위 25%는 정상분포곡선 수표에서 작은 쪽의 면적이 .2500임

[2] 2단계 : 작은 쪽의 면적이 .2500에 해당하는 Z값 확인하면 0.67과 0.68의 중간임. 따라서 Z=−0.675

[3] 3단계 Z=−0.675를 원점수 X값으로 전환시킴. 즉 0.675 = X−75/12 X에 대하여 풀면, X=Z×SD+M ⇒ X = −0.675×12+75 = 66.9 즉, 67점 이하가 하위 25%임

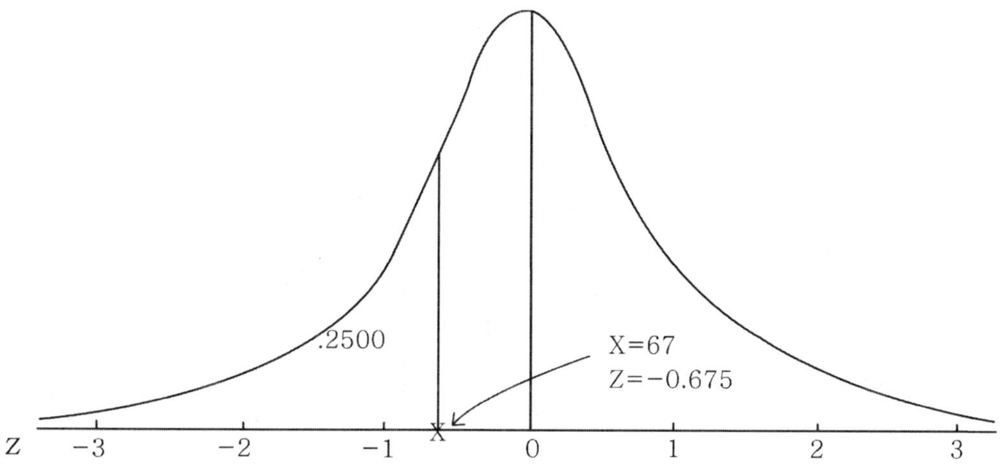

[그림 11] 정상분포곡선 하의 하위 25% 면적에 해당하는 Z점수의 위치

4] 문제 풀이 4

[1] 1단계 : 하위와 상위 10%(가/수)에 해당하는 면적은 Z=—1.28과 +1.28 하위와 상위 30%

지점(가 10%+양 20% 혹은 수 10%+우 20%)에 해당하는 Z=—0.536(양)과 +0.536(우), 그리고 미는 Z=—0.536 ~ +0.536

[2] 2단계 : 각 등급에 해당하는 Z점수를 원점수(X)로 전환시킴

가 : Z=—1.28

양 : Z=—1.281 ~—0.536

미 : Z=—0.537 ~ +0.536

우 : Z=+0.537 ~+1.279

수 : Z=+1.28

[3] 3단계 : Z값들을 원점수 X값으로 전환시킴.

X=Z X SD+M ⇒ 가 등급 X = —1.28 X 12+75 = 59.6 즉, 60점 미만은 '가'

X=Z X SD+M ⇒ 수 등급 X = +1.28 X 12+75 = 90.4 즉, 90점 이상 '수'

X=Z X SD+M ⇒ 양 등급 X = —0.536 X 12+75 = 68.6 즉, 60점~68점 '양'

X=Z X SD+M ⇒ 우 등급 X = +0.536 X 12+75 = 81.4 즉, 81 ~89점 '우'

X=Z X SD+M ⇒ 미 등급 69점 ~ 88점 '미' 즉, 중간 점수대

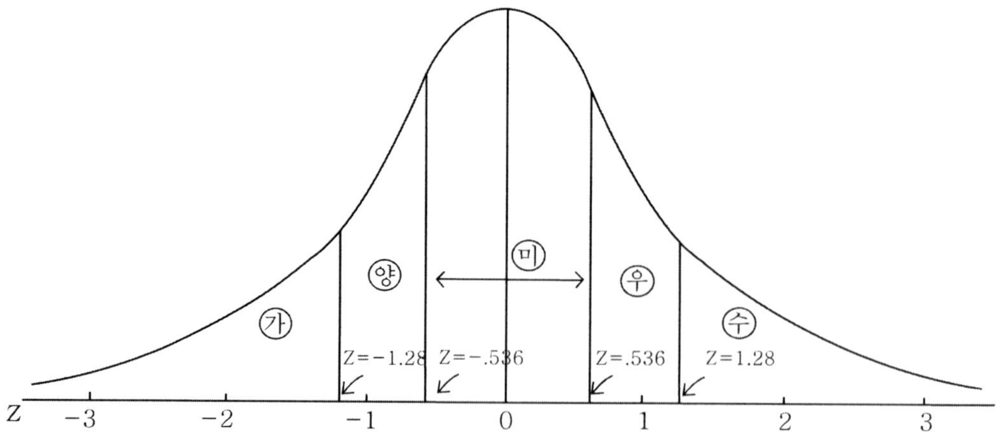

[그림 12] 각 등급에 해당하는 면적과 그에 대응하는 Z점수의 위치

제 3 장

측정치의 비교를 위한 통계

1. 원점수
2. 등위점수
3. 백분위 점수와 백분위
4. 표준점수

(1) 중학교 2학년 김철수는 학기말 영어 시험에서 80점을 받았다. 이 점수는 얼마나 우수한 성적인가?
(2) 영어 성적 80점과 수학성적 75점 중 어느 과목 성적이 더 우수한가?
(3) 영어 성적 80점은 2학년 전체 학생(120명) 중 10등에 해당하고, 수학 성적 75점은 전체 학생 260명 중 22등에 해당한다. 어느 교과 성적이 더 우수한가?
(4) 영어 성적 80점은 백분위 85이며, 수학 성적 75는 백분위 88에 해당한다. 어느 성적이 더 우수한가?

1. 원점수(原點數, raw score)

가. 측정도구를 이용하여 **측정한 결과를 채점하여 나타난 점수**를 원점수라고 함.

신장 170Cm, 과학 성적 85점, 지능지수 127, 학업자아개념 30, 학교생활만족도 26 등

나. 문제점

1] 원점수 그 자체로는 얼마나 우수하며 열등한 것인지 판단할 수 없음(절대적 의미 없음)

2] 점수의 동간성이 없음. 국어 성적 80점은 40점의 두 배 실력(?)/ 40점과 60점의 차 20과 70점과 90점의 차 20이 동일한 실력 차(?)

3] 원점수를 가지고 비교하기 곤란함. 특히, 서로 다름 측정 단위인 경우 비교 불가
예 : 국어 성적과 수학 성적이 모두 80점이라고 하더라도, 두 교과의 성격, 내용, 문항 수, 문항들의 난이도 등 점수를 생성시킨 절차와 방법이 다르다. 특히 국어 80점과 언어지능지수 80은 비교 불가능함

2. 등위(석차)점수(等位點數, rank-oder score)

가. 학급에서 13등은 15등보다 우수하며, 9등보다는 뒤쳐진다.

나. 집단의 사례수가 다른 경우 비교 불가능(30명 중 3등과 200명 중 3등은 같은 등위가 아니다)

3. 백분위(百分位) 점수(percentile score)와 백분위(percentiles)

> 대학수학능력 시험을 치른 결과 영수의 수리탐구 성적 원점수는 120점 만점 중 108점이며, 그의 백분위는 85이다. 즉, 영수보다 수리탐구 성적이 낮은 학생은 전체 수험생의 85%이며, 영수보다 높은 성적을 받은 수험생은 15%로서 수능시험을 치른 수험생 중에서 상위수준에 속한다.

가. 백분위(percentile ranks) : 분포에서 어떤 점수 아래에 있는 사례수의 백분율(%)

나. 백분위 점수(percentiles or percentile score) : 사례의 일정한 %가 그 점 아래에 있는 척도상의 점수

▶백분위와 백분점수는 사실상 집단 내 점수의 같은 위치를 나타내는 것으로 %로 나타내느냐, 아니면 원점수 척도상의 수치로 표시하느냐의 차이가 있을 뿐이며 이들은 같은 척도상의 대응되는 점수임. 예컨대, 영수라는 학생이 대학수학능력시험 500점 만점에서 438점을 받았는데 이 점수 이래에 전체 응시자의 75%가 있다면 영수의 백분위는 75이며, 백분위 75의 백분점수는 438점(C_{75}=438)이다.

다. 백분척도(百分尺度) : 백분위와 백분점수를 나타내고 있는 척도

라. 백분위와 백분점수를 구하는 방식

1] 묶음자료에서의 계산

〈표 7〉 가상적인 묶음자료

X	*f*	*cf*	*cp*	정확한계
95~99	1	50	100	94.5~99.5
90~94	2	49	98	89.5~94.5
85~89	4	47	94	84.5~89.5
80~84	5	43	86	79.5~84.5
75~79	8	38	76	74.5~79.5
70~74	10	30	60	69.5~74.5
65~69	6	20	40	64.5~69.5

X	f	cf	cp	정확한계
60~64	4	14	28	59.5~64.5
55~59	4	10	20	54.5~59.5
50~54	2	6	12	49.5~54.5
45~49	3	4	8	44.5~49.5
40~44	1	1	2	39.5~44.5

(1) 백분위를 알고 백분점수를 구하는 방법

위 자료에서 C_{50}을 구해보자. 이는 전체사례수를 낮은 점수부터 시작해서 50%에 있는 점수를 구하는 것이다. 전체 사례수가 50이므로 그 50%는 25번째 사례이며, 바로 이 위치에 해당하는 사람의 점수를 구하는 문제가 된다. 이 사례는 누가빈도 20으로부터 5의 빈도만큼 위쪽의 점수가 될 것이다. 그러므로 누가빈도 20까지의 점수 정확상한계 69.5에 그 위쪽으로 5명의 점수를 구한 점수를 더하여 구하면 된다.

누가빈도 20의 위 급간 70~74에는 10명이 포함되어 있다. 이 10명은 급간의 크기 5점에 골고루 분포되어 있다고 가정한다. 그러면 이 급간에 포함되어 있는 10명 중 1명의 점수는 5/10이며, 1명의 점수에 5명 몫을 구해야 하므로 5를 곱하면 된다. 이 과정을 정리하면 다음과 같다.

$C_{50} = 69.5+[(5/10)\times5] = 72$

이를 공식으로 나타내면 다음과 같다.

$$P.S = U.L. + i(\frac{Pr \times N - cf}{f}) \quad \cdots\cdots \textbf{[공식 32]}$$

여기서, $P.S$: 백분점수

$U.L.$: 백분점수가 들어 있는 급간의 정확상한계

Pr : 백분위

i : 급간의 크기

cf : 백분점수가 들어 있는 급간 아래 급간까지의 누가빈도

f : 백분점수가 들어 있는 급간의 빈도

N : 사례수

$$P.S = 69.5 + 5(\frac{.50 \times 50 - 20}{f}) = 69.5 + \frac{25}{10} = 72$$

(2) 백분점수를 알고 백분위를 구하는 방법

예컨대, 위 〈표 7〉의 자료에서 원점수 74에 해당하는 백분위를 구한다면, 74점까지의 누가빈도 30을 전체 사례수 50으로 나누고 100을 곱하여 구한다. 즉 원점수 74의 백분위는 30/50×100=60이다. 그리고 백분위 60에 해당하는 백분점수는 74이다. 이같은 백분위 점수 계산에서 소수점 이하는 모두 올려서 정수로 하는 것이 보통이다.

원점수 81의 백분위를 계산해 보자. 〈표 7〉에는 81점까지의 누가빈도가 나타나 있지 않다. 이 경우에는 보간법을 활용한다. 즉, 점수 81점이 있는 급간의 아래까지의 누가빈도는 38이다. 점수 79.5와 84.5 사이에는 빈도 5개가 있다. 이 두 점수 사이에 빈도 5가 골고루 분포되어 있다고 가정하면, 점수 79.5와 81.5 사이에는 2개의 빈도가 있는 셈이다. 따라서 점수 81점(상한계점수 81.5)까지의 누가빈도는 38+2=40이다. 이를 숫자로 정리해 보면 다음과 같다.

38+(5÷5)×(81.5−79.5) = 40 따라서 40은 전체 50명의 80%에 해당하므로 원점수 81의 백분위는 80이다.

이를 다시 기호로 표시하면 다음과 같다.

$$\text{Px} = \frac{100}{N}[cf + (\frac{X-L.L}{i})f \quad \cdots\cdots \textbf{[공식 33]}$$

여기서, N: 전체 사례수

cf: 백분점수 X가 들어 있는 바로 아래 급간까지의 누가빈도

X: 주어진 백분점수

$L.L$: 주어진 백분점수 X가 들어 있는 급간의 정확하한계

i: 급간의 크기

X: 어떤 점수(X)의 정확상한계점수

f: 주어진 백분점수(X)가 있는 급간의 빈도

[예제 13] 〈표 7〉에서 원점수 72에 해당하는 백분위를 구하라.

$$Pr = \frac{100}{N}[20 + (\frac{72-69.5}{5})10] = \frac{100}{50}[20 + \frac{2.5}{5} \times 10] = 2(20+5) = 50$$

따라서 백분점수 72의 백분위는 50이며, 백분위 50의 백분점수는 72이다.

2] 묶지 않은 자료에서의 백분점수와 백분위 계산 방법

〈표 8〉 가상적인 자료

X	f	cf	X	f	cf
97	1	50	79	2	22
91	1	49	78	4	20
90	1	48	77	2	16
89	3	47	76	1	14
88	2	44	75	1	13
87	2	42	73	1	12
86	6	40	72	2	11
85	2	34	70	3	9
84	2	32	69	1	6
83	1	31	68	2	5
82	3	28	67	1	3
81	2	26	62	1	2
80	2	24	61	1	1

(1) 백분위를 알고 백분점수를 구하는 방법

첫째, 구하려는 백분점수에 해당하는 백분위를 이용하여 해당 사례수를 구한다.

즉, NP=백분위/100×총 사례수

둘째, 어느 구간의 누가빈도가 NP와 같으면 그 구간 점수의 정확상한계가 구하려는 백분점수가 된다.

예컨대, 〈표 8〉에서 백분위 40에 해당하는 백분점수를 구하려면, 먼저 백분위 40에 해당하는 빈도, 즉 NP=(40/100)×50=20을 구한다. 이는 누가빈도로 20번째의 사례를 의미한다. 〈표 8〉에서 보면, 누가빈도 20에 해당하는 점수는 78이며, 그 정

확상한계점수는 78.5이다. 이것이 백분위 40에 해당하는 백분점수이다.
만약에 NP와 동일한 누가빈도가 없는 경우에는 NP보다 높은 누가빈도 가운데서 가장 낮은 누가빈도의 구간 점수를 찾으면 된다. 그 구간의 정확상한계점수를 Xu 라고 하면, 구하려는 백분점수는,
백분점수 = Xu-[(해당 구간의 누가빈도-NP)/해당 구간의 빈도]

〈표 8〉에서 백분위 70에 해당하는 백분점수를 구한다면, 이의 사례수는 50/100×50=25이다. 누가빈도 25가 표에 나타나 있지 않으므로 70백분위 점수 =81.5-(26-25/2)=81이다. 따라서 백분위 70에 해당하는 백분점수는 81이 된다.

(2) 백분점수를 알고 백분위를 구하는 방법

백분위=100/N[해당 점수의 누가빈도-(해당점수의 빈도/2)]

예컨대, 〈표 8〉에서 원점수 78점의 백분위는 100/50[20-(4/2)] = 36

마. 백분위점수의 특징과 약점

1] 특징 : 모든 집단의 사례수를 100으로 같게 하여 100명 중 어느 위치냐를 지시해 줌으로써 비교가 가능

2] 이해하기 용이 : 백분위 50은 중간 정도이며, 25%ile은 중간에서 25%만큼 낮고, 99%는 집단에서 최상위에 해당함

3] 문제점 : 동간성이 없음

백분위 척도는 중앙부분(40~60%)에서는 적은 개인차를 크게 표시/ 양 극단 부분에서는(0~10%, 90~100%)에서는 큰 개인차를 적게 표시/ 90%와 95% 간의 차와 30과 35% 간의 차가 같지 않다(양적으로) 전자가 후자에 비해 그 차가 사실상 훨씬 더 크다.

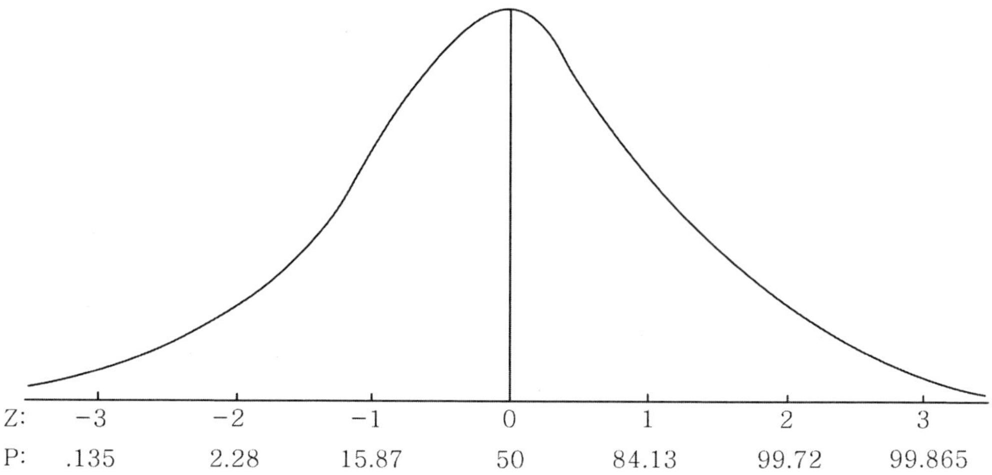

[그림 13] 백분위점수의 분포표

4. 표준점수

● 표준점수란?

서로 다른 특성, 서로 다른 측정자료의 분포에서(원점수 분포)의 측정치들을 표준적인 척도로 전환하여 공통적인 점수체계로 비교하는데 사용되는 척도상의 점수

● 표준점수의 종류와 원점수의 변환체제

① 종류 : Z점수, T점수, 스태나인(Standard Nine), H점수 등 여러 가지가 있다.
② 그러나 모든 표준점수 체계는 Z점수에 기초하고 있다. 따라서 표준점수란 일반적으로 Z점수를 일컫는다.

[Z점수 척도의 대략적인 모습]

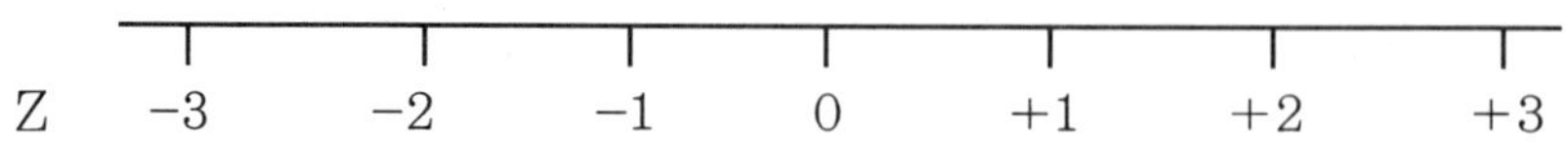

● 표준점수 Z에 의한 정상분포곡선하의 면적 비율

[구체적인 사항은 "부록 9" 혹은 통계 서적 정상분포곡선 수표 참조]

Z −3 −2 −1 0 +1 +2 +3

.3413 .1359. 0214 . 0014

※ 정상분포 : 0을 중심으로 좌우 대칭(양쪽 면적 동일)

가. Z점수

$Z = \frac{X-M}{SD}$ [X : 원점수, M=평균치, SD=표준편차] ………………… **[공식 34]**

나. T점수 : 대부분의 사례(99.76%)가 포함되는 범위는 20~80)

$T = \frac{X-M}{S} \times 10 + 50 \rightarrow 10Z + 50$ ……………………………………… **[공식 35]**

T=10Z + 50

[형성평가 7] 학생수가 45명인 K중학교 2학년 1반의 영어고사 평균치가 83점, 표준편차가 7.0이다. 90점 받은 학생의 Z점수와 T점수는 얼마인가?

[예제 14] 다음 표에서 3명의 두 교과성적의 상대적 위치는?

과목	학급의 통계치		철수	수영	영희
	M	SD			
영어	75	7.0	83	75	68
국어	82	7.3	83	75	68

{{풀이}} ( )는 내신등급임

'철수'의 영어 Z점수 Z=83−75/7=1.14(1)

'수영'의 영어 Z점수 Z=75−75/7=0.00(3)

'영희'의 영어 Z점수 Z=68−75/7=−1.00(5)

'철수'의 국어 Z점수 Z=83−82/7.3=0.12(2)
'수영'의 국어 Z점수 Z=75−82/7.3=−0.96(4)
'영희'의 국어 Z점수 Z=63−82/7.3=−2.60(6)

[해석] 정상분포곡선의 원리를 이해하고 있지 않은 경우, 현재로서는 '철수'의 영어, '철수'의 국어, '수영'의 영어, '수영'의 국어, '영희'의 영어, '영희'의 국어 순으로 우수하게 나타났다.

[예제 15] 어느 고등학교에서 대학입시를 위한 선택과목 내신성적을 내려는데 문제가 생겼다. 점수 획득이 용이한 A과목을 선택한 경우와 점수 획득이 어려운 B과목의 갈등을 어떻게 풀어낼 것인가가 고민이기 때문이다. 이 문제를 해결하기 위하여 Z점수로 +2 이상은 1등급, +1~+1.99는 2등급, 0 ~+0.99는 3등급, −0.1~−1은 4등급, −1.1~−2.00은 5등급, −2.1 이하는 6등급으로 판정하기로 하였다. 다음 학생들의 내신등급을 정하라.

과목	통계치	학 생 명
A	M=89 SD=4.2	길동 86, 영숙 89, 영희 94, 철수 93, 명진 90, 숙진 82, 경숙 76, 경희 78
B	M=63 SD=5.8	영수 64, 갑돌 75, 삿갓 60, 선달 70, 치수 72, 선희 68

{{풀이}} ( )는 내신등급임
길동의 Z점수 Z=86−89/4.2=-0.71(4) 영숙의 Z점수 Z=89−89/4.2=0.00(3)
영희의 Z점수 Z=94−89/4.2=1.19(2) 철수의 Z점수 Z=93−89/4.2=0,952(3)
명진의 Z점수 Z=90−89/4.2=0.238(3) 숙진의 Z점수 Z=82−89/4.2=−1.667(5)
경숙의 Z점수 Z=76−89/4.2=-3.09(6) 경희의 Z점수 Z=78−89/4.2=−2.62(6)
영수의 Z점수 Z=64−63/5.8=0.172(3) 갑돌의 Z점수 Z=75−63/5.8=2.069(1)
삿갓의 Z점수 Z=76−63/5.8=2.241(1) 선달의 Z점수 Z=70−63/5.8=1.207(2)

치수의 Z점수 Z=72−63/5.8=1.552(1) 선희의 Z점수 Z=68−63/5.8=0.862(3)

[해석] B과목을 선택한 학생들의 성적은 A과목 선택자들에 비하여 낮지만, 집단 내에서의 위치, 혹은 내신등급은 대부분 더 우수하다.

[형성평가 8] 학생수가 350명인 K중학교 2학년 영어고사 평균치가 72점, 표준편차가 5.0이다. 80점 받은 영수의 Z점수와 T점수는 얼마인가? 또 영수보다 성적이 우수한 학생은 몇 %이며, 몇 명인가?

[형성평가 9] 철수의 성적은 다음과 같다. 각 교과 성적의 위치를 평가하라.

구분	국어	영어	수학
철수 성적	81	60	57
학급 평균	87	55	52
표준편차	5.0	10.0	5.0
N	60	60	60

다. H점수

대부분의 사례(99.74%)가 포함되는 범위는 8−92

$$H=\frac{X-M}{S}\times 14 + 50 \rightarrow 14Z + 50$$ ·· **[공식 36]**

라. 스테나인(九間標準點數)

[1] 집단 전체 사례를 9개의 등급점수로 표시하는 표준점수체제로서 Standard Nine, Stay in Nine의 준말이다.

[2] 스테나인은 정상분포곡선의 원리에 합치되는 표준점수체제이다.

[3] 각 구간점수에 해당하는 사례의 백분율과 구간점수를 A에서 E까지 5등급으로 전환할 경우의 점수관계는 다음과 같다.

구간표준점수	1	2	3	4	5	6	7	8	9
백분율 (%)	4	7	12	17	20	17	12	7	4
A B C D E	E	− D −		− C −			− B −		−A

[4] 표준점수 Z와 stanine 간에는 다음의 관계를 갖는다.

stanine = 2Z + 5 ……………… **[공식 37] ** 스태나인 '9'가 가장 우수한 점수**

[예제 16] 대학수학능력시험 성적을 기준을 9등급제를 적용하여 신입생을 선발하려고 한다. 어떤 과목에서 어느 학생이 Z=1.5라면, 이 학생의 등급은?

stanine = 2X1.5+5 = 8 즉, 8등급에 해당한다(1등급이 가장 우수하다면 2등급임).

마. C점수

[1] 구간표준점수와 거의 유사한 점수체계로 C점수가 있다.

[2] C점수란 0.5SD(표준편차의 2분의 1)를 척도 단위로 하여 0부터 10까지(혹은 1부터 11까지) 11개 등급으로 표시하는 표준점수이다. 이 척도의 모습은 다음과 같다.

C점수	0	1	2	3	4	5	6	7	8	9	10
	1	2	3	4	5	6	7	8	9	10	11
백분율 (%)	1	3	7	12	17	20	17	12	7	3	1

[형성평가 10] 중학교 2학년인 김철수의 수학 성적은 다음과 같다.

구분	철수 성적	학 급		N
		M	SD	
통계치	90	87	5.0	57

① 철수 수학성적의 집단 내 위치를 설명하라.

② 철수의 Z, H, 구간표준점수, C점수를 구하라.

③ 집단 내 성적을 A-E로 평정할 때 철수의 평점은?

바. 평균치와 표준편차 및 표준점수를 이용한 원점수 조정법

- 시험문제의 난이도 조절에 실패한 경우 점수를 재조정하여 산출해야 할 때
- 측정 결과가 기존의 점수체계와 다른 결과가 나타나 이해하기 어려울 때

[1] 표준점수 Z를 이용할 경우

Xs = ZSs + Ms ·· [공식 38]

(예) M=50, SD=10인 척도로 표준화 하려면,

X=10Z + 50 ⇒ 이것이 표준점수 T 점수임

[2] 계산된 M, SD를 이용하여 원하는 Ms, Ss를 지닌 표준척도치로 전환할 경우

$X_s = (\frac{S}{S_s})X - [(\frac{S}{S_s})M - M_s]$ ··· [공식 39]

(예) M=75, SD=12로 계산된 원점수척을 M=70, SD=10인 표준점수 척으로 전환하려면,

$Xs = (\frac{12}{10})X - [(\frac{12}{10})75 - 70]$ = 1.2X - 20

따라서 어떤 학생의 점수가 80점이라면, M=70, SD=10인 표준점수 척에서 그의 표준점수는 76점임

제 4 장

통계적 검증의 기초 논리

1. 추정
2. 가설검증

1. 추정(推定)

가. 의미 : 표본의 통계치로 전집의 전집치(모수치)를 추리하거나, 모집단 모수치에 대한 일정 신뢰수준(예 : 95%) 구간을 계산하는 과정

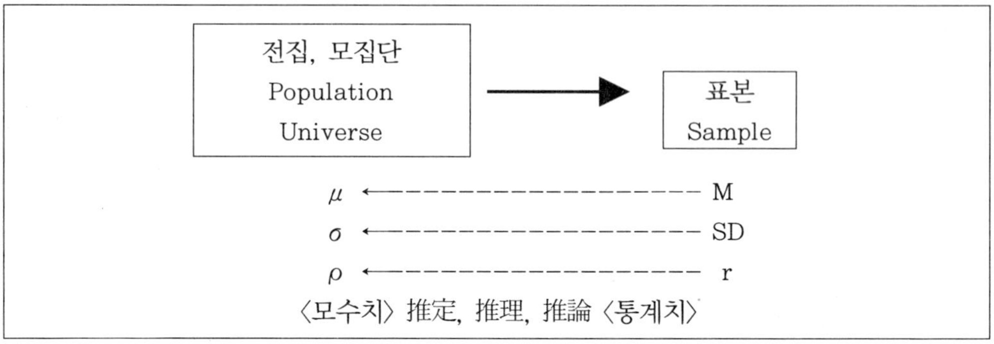

나. 추리와 추론의 정확성은 어떤 요인에 의해 영향을 받는가? - 표집의 정확성, 대표적 표집/편파된 표집

다. 표집한 이상 통계치와 대응하는 전집치는 일치하지 않으며, 어느 정도 차이 발생(표집오차)

라. 추정의 정확성은 통상 95%, 오류가능성 5% 이하로 설정

마. **통계치의 신뢰도 문제**는 남는다. 어떻게 해결할 것인가?

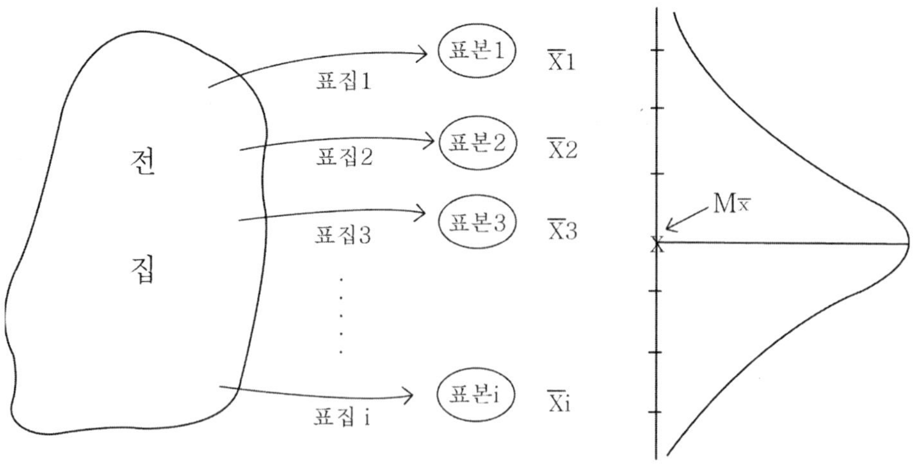

[그림 14] **평균치의 표본분포와 표준오차의 모습**

1] 표본분포(sample distribution) : 계속 표집한 표본의 통계치들의 분포 - 정상 분포를 가정할 수 있음

2] 평균치의 표본분포 : 평균치들의 평균치, 평균치들의 표준편차 존재

3] 표준오차(standard error) : 표본분포상의 표준편차

4] 통계치의 신뢰도 : 표본의 통계치를 가지고 그에 대응하는 전집치를 일정한 신뢰수준에서 추정할 때 "추정의 기본 틀"

통계치 ± 신뢰계수 × 통계치의 표준오차

95% : 1.96

99% : 2.58

▶ 평균치의 표준오차(standard error of the Mean)

$S_M = \sigma_M = \frac{s}{\sqrt{N}}$ ……………………………… [공식 40]

[예제 17] J시의 중학생 250명을 대상으로 영어 모의 학력고사를 실시한 결과 평균치가 73점, 표준편차가 9.5였다. 95% 신뢰수준에서 전집의 평균치를 추정하라.

[풀이]
1. 평균치의 표준오차 계산

$$\sigma_M = \frac{S}{\sqrt{N}} = \frac{9.5}{\sqrt{250}} = \frac{9.5}{15.8} = 0.6$$

2. 추정의 기본 틀에 대입 : 통계치 ± 신뢰계수 × 통계치의 표준오차

73 ± 1.96 × 0.6 ⇒ 73±1.176 ⇒ 71.824 ~ 74.176

3. 표본의 평균치가 73일 때, 전집의 평균치를 95% 신뢰수준에서 추정하면 71.824 ~ 74. 176 사이에 놓일 것이다. 즉, 전집 평균치가 71.824 ~ 74.176일 가능성이 95%이다.

▶ 중앙치의 표준오차 $\sigma_{Mdn} = \frac{1.253\sigma}{\sqrt{N}} = \frac{1.858Q}{\sqrt{N}}$ ……………… [공식 41]

▶ 표준편차의 표준오차 $\sigma_s = \frac{S}{\sqrt{2N}} = [\frac{.707S}{\sqrt{N}}]$ ……………… [공식 42]

▶ 사분편차의 표준오차 $\sigma_Q = \frac{1.166Q}{\sqrt{N}} = [\frac{.786S}{\sqrt{N}}]$ ……………… [공식 43]

▶ 백분율의 표준오차 $\sigma_p = \sqrt{\frac{PQ}{N}}$ [P : 표집에서 얻은 백분율, Q : 100-P]

··[공식 44]

> **[예제 18]** 어떤 문제에 200명 중 65%는 정답을 하고, 35%는 오답을 했다. 이 표본을 가지고 전집의 정답률을 99% 신뢰수준에서 추정하라.
>
> [풀이]
> 1. 백분율의 표준오차 계산
>
> $\sigma_{\%} = \sqrt{\frac{PQ}{N}} = \sqrt{\frac{65 \times 35}{200}} = 3.37$
>
> 2. 추정의 기본 틀에 대입 : 통계치 ± 신뢰계수 × 통계치의 표준오차
>
> 65 ± 2.58 × 3.37 ⇒ 65±8.69 ⇒ 56.31 ~ 73.69
>
> 3. 전집의 정답백분율의 99% 신뢰도 한계는 56.31 ~ 73.69이다.

▶ 비율의 표준오차 $\sigma_p = \sqrt{\frac{pq}{N}}$ [p : 표집에서 얻은 비율, q : 1-p] ··· **[공식 45]**

▶ 빈도의 표준오차 $\sigma_f = N\sqrt{\frac{pq}{N}} = \sqrt{Npq}$ [p : 표집에서 얻은 빈도의 비율, q : 1-p] ··**[공식 46]**

▶ 상관계수(r)의 표준오차

$\sigma_r = \frac{1 - r^2}{\sqrt{N}}$ ·· **[공식 47]**

※ r = -1 ~ 0 ~ 1 의 성질 때문에 0에 가까운 경우가 아니면, r들의 표본분포는 정상분포를 가정하기 곤란하며(편포된 분포를 지님), r의 표준오차는 다르게 계산해야 함.

① r → Fisher의 Z계수로 환산 (통계서적 해당 부분의 부록 수표 참조)

② $\sigma_Z = \frac{1}{\sqrt{N-3}}$ ·· **[공식 48]**

③ Z의 신뢰도 한계 정함

④ Z의 신뢰도 한계 → r로 전환 (전문통계서적 수표 참조)

바. 소표본 통계치의 신뢰도 : 사례수가 30 미만일 때는 표본 분포가 정상분포에서

이탈할 가능성이 크다.

> **주의** : 지금까지의 각 통계치의 표준오차는 통계치들의 분포가 정상분포임을 전제한 것이다. 즉, 통계치들(사례수로 간주되는)이 120이상인 대표본을 가정한 것이다. 그러나 표본의 크기가 적은 소표본(30이하)의 경우, 그 분포는 정상성에서 이탈하게 되며, 사례수가 줄어듦에 따라서 중앙부분의 면적이 좁아지고 양쪽 끝부분의 면적이 넓어지는 모습을 보이게 된다. 소표본의 경우에는 전집이 정상분포를 이룬다고 할지라도 그 표본분포는 정상분포로부터 이탈함.

1] 표본의 사례수가 30 이상일 경우에는 앞의 통계치의 신뢰도 추정 방식을 따름

2] 사례수가 30 미만인 소표본일 경우에는 평균치의 표준오차를 구할 때 N대신에 N-1, 즉 자유도를 기준으로 95%, 혹은 99% 신뢰도에서의 신뢰계수를 적용함.

3] 자유도(df, degree of freedom)란?

> **자유도(df)**는 소표본 통계치를 가지고 전집치를 추정하는 데 뿐만 아니라 뒤에서 다루게 되는 t-test, 변량분석, χ^2 검증 등에서도 핵심적인 개념이다. 자유도란 일정한 조건을 충족시키는 범위 내에서 독립적으로 자유스럽게 변할 수 있는 자유를 가진 수치의 개수이다. 예컨대, 5명이 각각 5, 6, 7, 8, 9라는 값을 지니고 있다고 할 때, N=5, M=7이다. 5명의 편차(x)는 각각 −2, −1, 0, 1, 2이며, 이들 편차의 합은 '0'이다. 따라서 4명은 어떤 값이라도 자유스럽게 취할 수 있다. 그러나 나머지 1명을 평균치(7) 혹은 편차의 합이 '0'이라는 조건을 충족시키기 위해서 아무 값이나 자유롭게 취할 수 없다. 그래서 자유도는 N−1이다.

4] 대표본의 경우 표본의 표준편차(S)와 전집의 표준편차(σ)는 차이가 없다고 가정해도 문제가 되지 않는다(이를 '불편추정치'라고 부름). 그러나 소표본인 경우에는 사례수가 줄어들수록 S는 σ보다 적어진다. 따라서 소표본에서의 평균치의 표준오차는 σ의 過少推定을 피하기 위해 자유도(N−1)를 고려한 표준오차 계산공식을 이용함

5] $S_M = \dfrac{\sigma}{\sqrt{N-1}}$ ……………………………………………………… **[공식 49]**

6] df = N − 1

7] **[부록 10]**의 t분포 수표에서 자유도(df)에 따른 신뢰계수 이용

[예제 19] 10명을 대상으로 단어연상 검사를 실시한 결과, M= 25, s=5이다. 평균치의 95%, 99% 신뢰도 한계를 구하라.

[풀이]

1. 소표본 통계치의 표준오차 계산

$$S_M = \frac{s}{\sqrt{N-1}} = \frac{5}{\sqrt{9}} = 1.67$$

2. df=N−1=9일 때 95%, 99% 신뢰도의 신뢰계수는 각각 2.262, 3.250(t분포 수표)
3. 추정의 기본 틀에 대입 : 통계치 ± 신뢰계수 × 통계치의 표준오차

$25 \pm 2.262(95\%) \times 1.67 \Rightarrow 25 \pm 3.78 \Rightarrow 21.22 \sim 28.78$

4. 전집의 단어연상검사 평균치의 95% 신뢰도 한계는 21.22 ~ 28.78이다.

사. 통계치의 차의 표준오차(standard error of the difference of statistics)

통계치의 차의 표본분포와 표준오차

정상적으로 분포되어 있는 남학생과 여학생 두 전집에서 각각 무한표집을 한다고 가정하자. 그 무한표본에서 남학생과 여학생 각각 평균치를 구하고 다시 그 평균치의 차를 구하면 무한한 평균치의 차(D_M)의 분포를 얻게 된다.

곧 $D_{M1} = M_{남1} - M_{여1},\ D_{M2} = M_{남2} - M_{여2},\ D_{M3} = M_{남3} - M_{여3},$
$\cdots,\ D_{Mi} = M_{남i} - M_{여i}$

이들 무한한 평균치들의 차들(D_{Mi})은 남학생과 여학생 두 모집단 평균치의 차를 중심으로 정상분포를 이룬다. 이 분포를 평균치의 차의 표본분포라고 한다. 그리고 이 분포에서의 표준편차를 평균치의 차의 표준오차(σ_{DM})라고 한다.

▶ 평균치의 차의 표준오차 $\sigma_{DM} = \sqrt{\sigma_{M1}^2 + \sigma_{M2}^2} = \sqrt{\frac{\sigma_1^2}{N_1} + \frac{\sigma_2^2}{N_2}}$ ·········**[공식 50]**

▶ 중앙치의 차의 표준오차 $\sigma_{DMDN} = \sqrt{\sigma_{MDN1}^2 + \sigma_{MDN2}^2}$ ················· **[공식 51]**

▶ 표준편차의 차의 표준오차 $\sigma_{Ds} = \sqrt{\sigma_{s1}^2 + \sigma_{s2}^2} = \sqrt{\frac{\sigma_1^2}{2N_1} + \frac{\sigma_2^2}{2N_2}}$ ······ **[공식 52]**

▶비율의 차의 표준오차 $\sigma_{Dp} = \sqrt{\sigma_{p1}^2 + \sigma_{p2}^2} = \sqrt{\frac{p_1q_1}{N_1} + \frac{p_2q_2}{N_2}}$ ··············**[공식 53]**

☞ 통계치의 차의 표준오차도 각 통계치의 표준오차와 같은 방법으로 해석하고, 신

뢰도 한계 설정 문제도 같은 방법으로 해결함.

[예제 20]
남학생 120명과 여학생 95명을 표집하여 학교생활만족도를 측정한 후 평균치와 표준편차를 계산한 결과가 다음과 같다. 성별 학교생활만족도의 평균치의 차의 표준오차를 구하라.
남학생 : $M_1 = 35.0 \quad S_1 = 5.8$
여학생 : $M_2 = 38.2 \quad S_2 = 5.6$

[풀이]

$$\sigma_{DM} = \sqrt{\sigma^2_{M1} + \sigma^2_{M2}} = \sqrt{\frac{\sigma^2_1}{N_1} + \frac{\sigma^2_2}{N_2}} = \sqrt{\frac{5.8^2}{120} + \frac{5.6^2}{95}} = \sqrt{\frac{33.64}{120} + \frac{31.36}{95}} = \sqrt{0.28 + 0.33} = .781$$

✪ 상관표집의 경우

상관표집 : 서로 독립적으로 뽑히지 않은 표집
- 같은 개인으로 두 표집이 구성되어 있는 동일표집(예 : 한 집단을 대상으로 실험 전 · 후)
- 부부, 쌍둥이, 형제자매 또는 일정한 조건에 의해 짝지워져 있는 배쌍표집(matched sample)

$$\sigma_{DM} = \sqrt{\sigma^2_{M1} + \sigma^2_{M2} - 2r\sigma_{M1}\sigma_{M2}} \quad \text{[공식 54]}$$

$$\sigma_{D\sigma} = \sqrt{\sigma^2_{\sigma1} + \sigma^2_{\sigma2} - 2r^2\sigma_1\sigma_2} \quad \text{[공식 55]}$$

[예제 21]
학생 100명의 학기초 성적 $M_1 = 75$, $S_1 = 8.5$였다. 다시 이들을 대상으로 측정한 학기말 성적은 $M_2 = 80$, $S_2 = 9.0$이다. 그리고 학기초와 학기말 성적 간의 상관계수는 $r = .60$이다. 평균치의 차의 표준오차를 구하라.

[풀이]

$$\sigma_{DM} = \sqrt{\sigma^2_{M1} + \sigma^2_{M2} - 2r\sigma_{M1}\sigma_{M2}}$$

$$= \sqrt{.85^2 + .90^2 - 2(.60)(.85)(.90)} = \sqrt{1.5325 - .918} = .78$$

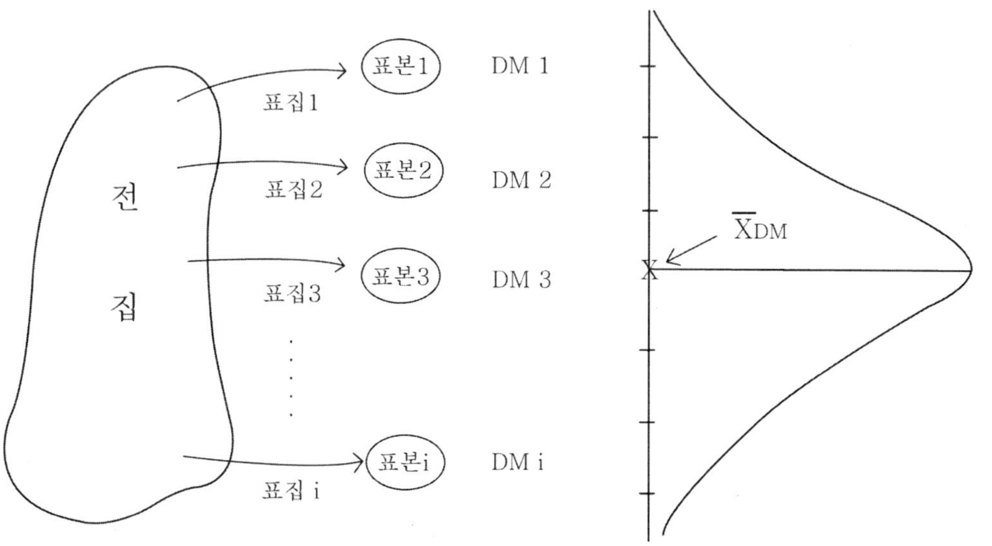

[그림 15] **통계치의 차의 표본분포와 표준오차(표준편차)의 도시(圖示)**

▸ [그림 15]에서 통계치(평균치, 중앙치, 표준편차, 비율 등)의 집단 간 차들에 의해 이루는 분포(표본분포)는 평균치(예 : 평균치들의 차들의 평균치)를 중심으로 일정한 변산을 갖는다. 이 변산의 정도를 통계치의 차의 표준오차라고 함.

▸ 이 변산의 정도가 낮으면 계속 표집한 표본에서의 집단 간 통계치의 차들이 비슷비슷한 값을 갖는다는 것을 뜻하며, 변산도가 크면 집단 간 통계치의 차들이 서로 크게 다른 값을 갖는다는 것을 뜻함.

▸ 이 변산도가 작거나 혹은 극단적으로 '0'일 경우, 계속 표집한 표본에서의 집단 간 통계치의 차들은 거의 같은 값을 갖거나 동일한 값을 갖는다. 이 때는 표본의 통계치의 차를 가지고, 전집의 전집치의 차로 삼는 것은 별 문제가 없다(신뢰할 수 있다

는 것을 뜻함).

▸ 그러나 통계치의 차의 표준오차가 크다는 것은 집단 간 통계치의 차들이 서로 크게 다른 값을 갖는다는 것을 뜻함. 따라서 이 경우에는 표본의 통계치의 차의 평균치로 전집의 전집치 간 差異로 간주하는 것은 신뢰도에 문제가 생김.

[형성평가 11] 어느 도시지역의 고등학교 남녀 학생을 대상으로 실시한 학기말 영어 성적이 다음과 같다.

	N	M	SD
남	215	78.4	10.7
여	192	76.5	9.8

남학생과 여학생을 무선표집 했다고 가정하고,

[1] 남학생과 여학생의 각 평균치의 표준오차를 구하고, 각각 95%, 99%의 신뢰구간을 정하고 이를 해석하라.
[2] 남학생과 여학생의 각 표준편차의 표준오차를 구하고, 각각 95%, 99%의 신뢰구간을 정하고 이를 해석하라.

2. 가설검증

▶ 참(眞)이라고 가정한 가설을 설정하고, 이러한 참이 일어날 가능성이 희박한 표본평균치에 대한 수준(확율, 5% 혹은 1%)을 정한 후, 표본자료를 통하여 계산된 표본평균치가 그 수준을 벗어나면, 참으로 가정한 그 가설을 기각하는 일

❑ 병아리 암수 감별사가 자신의 감별력은 믿을 수 있다고 자신한다. 이를 어떻게 확인할 수 있는가?
▶ 병아리 100마리를 감별하도록 했는데, 95마리 이상을 정확하게 감별했다. 그러면 이러한 근거를 가지고 그 감별사의 감별력은 95% 이상은 신뢰할 수 있다고 할 것이다

[p<.05].
❑ 어느 연구자가 자신이 개발한 사고력 증진 프로그램은 문제해결력을 향상시키는 데 효과가 있 다고 주장한다. 이 연구자의 주장을 어느 정도 믿을 수 있는가?
▶ 100명을 대상으로 이 프로그램을 실시했는데, 99명이 문제해결력이 향상되었다. 그렇다면, 이 사고력 증진프로그램이 문제해결력 향상에 효과가 있다고 99% 믿을 수 있다.[p<.01]
▶ 100개의 표본을 대상으로 이 프로그램을 100번 실시했는데 그 중 95번 이상 문제해결력의 평균치가 사전검사에 비해 높게 나타났다. 그러면 이 프로그램이 효과가 있다는 주장을 95% 신뢰할 수 있다.[p<.05]
❑ 남녀 중학생 간 정서지능이 차이가 있는가를 밝히기 위해 정서지능 측정치 평균치가 남학생 40 점, 여학생 43점이다. 3점의 차이, 혹은 남녀 간 차가 있다는 주장을 얼마나 믿을 수 있는가?
▶ 만약에 100번 동일한 방식으로 정서지능을 측정한 후 두 집단의 평균치 차를 비교했더니 95번 이상 여학생의 평균치가 남학생보다 높게 나타났다면 그 주장을 95% 신뢰할 수 있다.

가. 가설(hypothesis)

1] 과거의 경험, 축적된 지식(이론이나 원리 및 법칙 등), 연구 결과 등에 바탕하여 전집이 취할 것으로 알려진 값을 서술한 것

2] 중학교 남학생과 여학생 간에는 정서지능에 차이가 있을 것이다.

3] 선행학습 수준이 낮은 학생들은 교사중심의 설명식 수업이 더 효과적일 것이다.

4] 가설검증의 목적 : 원래 제기한 대립가설(연구가설)을 지지할 만한 통계적 증거의 확인

가설검증 : 실제 차이 혹은 상관이 표집오차에 의해 기대되는 차이 혹은 상관보다 큰가를 결정하는 확률을 충족시키는가를 검증하는 일

나. 통계적 가설과 연구 가설

1] 통계적 가설

[1] 전집에 대한 예측, 추론, 주장 등에 대한 임의의 설정

[2] 하나 또는 그 이상의 모집단 분포에 대한 진술이며, 이러한 전집분포의 모수치

에 대한 진술

[3] 통계적 가설은 영가설과 대립가설로 구성됨

▸ 영가설(null hypothesis) : $H_o : M_1 - M_2 = 0$ or $M_1 = M_2$

▸ 대립가설(alternative hypothesis) : $H_A : M_1 - M_2 \neq 0$ or $M_1 \neq M_2$

2] 연구가설

[1] 한 학문분야에서 관련된 이론이나 선행연구들로부터 논리적으로 유도된 변인과 변인과의 관계에 대한 법칙 진술문

[2] 연구 가설은 연구자가 직접 검증하는 것이 아니며, 통계적 가설 검증 결과에 따라서 자동적으로 그 眞僞 여부가 판단됨.

다. 가설검증 절차

1] 유의수준 결정 및 영가설과 대립가설 설정

[1] 통계적 가설 설정

① 영가설(null hypothesis) : '같지 않다', 혹은 '다르지 않다'라는 의미의 가설로서 항상 ≦, ≧, = 등의 부호로 표현

② 대립가설(alternative hypothesis) : 영가설과 반대로 설정한 가설

[2] 유의수준 : α=.05, α=.01 혹은 p〈.05/ p〈.01 [영가설이 옳다고 받아들이는 확률]

> ● 사례 1 : 어떤 교사가 신입생들의 자기효능감을 측정하여 학생 이해자료로 활용하고자 한다. 그는 "자기효능감은 성별에 따라서 다를 것이다" 라는 가설을 세웠다. 이 가설을 검증하기 위한 방식은 영가설과 대립가설을 설정하고, 영가설이 맞는지 혹은 틀리는지를 검증한 후, 영가설이 맞으면 자신의 가설을 기각하고, 영가설이 부정되면 자기 가설을 채택한다.
>
> [양방검증]
>
> $H_o : \mu_1 = \mu_2$ 또는 $\mu_1 - \mu_2 = 0$ [μ_1과 μ_2는 각각 남학생과 여학생 전집의 자기효능감 평균치임]
>
> $H_A : \mu_1 \neq \mu_2$ 또는 $\mu_1 - \mu_2 \neq 0$
>
> ● 사례 2 : 어떤 교사가 자신의 가르친 경험과 학생들의 열의 등에 비추어 "학생들의

성적이 중간고사에 비해 기말고사 점수가 더 높을 것이다" 라고 가설을 세운 후 이를 검증하고자 한다.
[일방검증]
$H_o : M_1 \geq M_2$ [M_1과 M_2는 각각 중간고사와 기말고사 성적 평균치임]
$H_A : M_1 < M_2$
● 사례 3 : 중학생을 대상으로 일정 기간 동안 "주의집중 훈련 프로그램을 실시하면 인터넷 중독이 감소할 것이다." 라는 가설 검증의 경우
[일방검증]
$Ho : M_1 = M_2$ 또는 $M_1 - M_2 = 0$ [M_1과 M_2는 각각 인터넷중독 수준 사전, 사후 평균치]
$H_A : M_1 > M_2$

[2] 검증통계치 결정 : Z/ t/ F/ χ^2/ …

[3] 기각역 결정 : 양방검증시 분포 양쪽 끝 면접의 합이 5% 혹은 1%/ 일방검증시 한 쪽 끝 면적

[4] 검증통계치 계산

[5] 통계적 의사결정 : 가설의 수용(채택) 혹은 거부(기각)

라. 일방검증과 양방검증

1] 검증통계치

[1] 두 집단 간 차이 검증, 점수의 향상 혹은 감소 등 두 평균치와 같은 통계치의 차이 검증시 주로 t-test가 실시됨

[2] 둘 혹은 두 집단 이상의 집단 간 평균치와 같은 통계치가 유의한 차가 있는가를 검증하는 경우에는 F검증을 실시함

[3] 집단 간 빈도와 비율의 차이 검증시 χ^2 검증을 실시함

2] 가설검증은 표준화된 검증통계치들 분포(정상분포곡선)에서 계산된 검증통계치가 영가설 긍정 영역에 포함되는가, 아니면 부정 영역에 해당하는가를 기준으로 이루어짐

3] 양방검증(양측검증) : 정상분포곡선의 양쪽 끝부분의 면적의 합이 5%(α=.05)

이하가 되는 검증통계치가 계산된 경우 영가설을 부정하고, 연구가설을 채택함

[예]

- 남학생과 여학생 간 지능지수는 차이가 있을 것이다(혹은, 차가 없을 것이다).
- 학생의 교과 선호도와 교과 성적 간에는 정적인 상관이 있을 것이다.
- 학생들의 성적 수준에 따라서 학업자아개념은 차이가 있을 것이다.

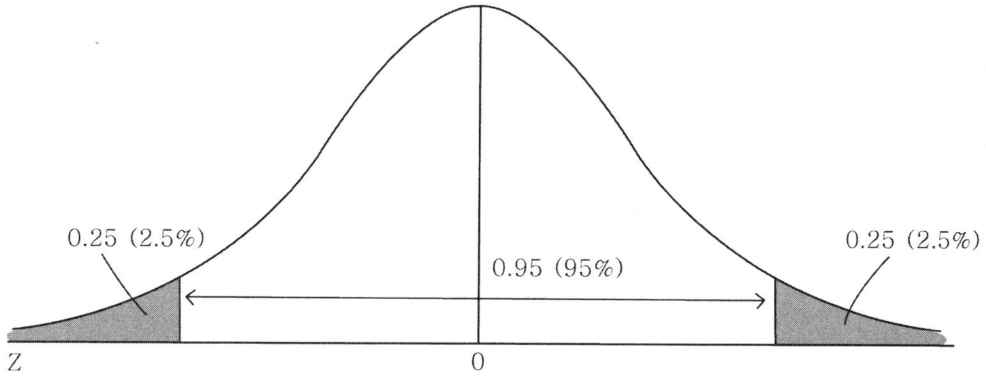

[그림 16] **양방검증시 영가설 기각역**

4] 일방검증(단측검증) : 정상분포곡선의 왼쪽 혹은 오른쪽 끝 부분의 면적만을 기준으로 5%(α=.05) 이하가 되는 검증통계치가 계산된 경우 영가설을 부정하고, 연구가설을 채택함

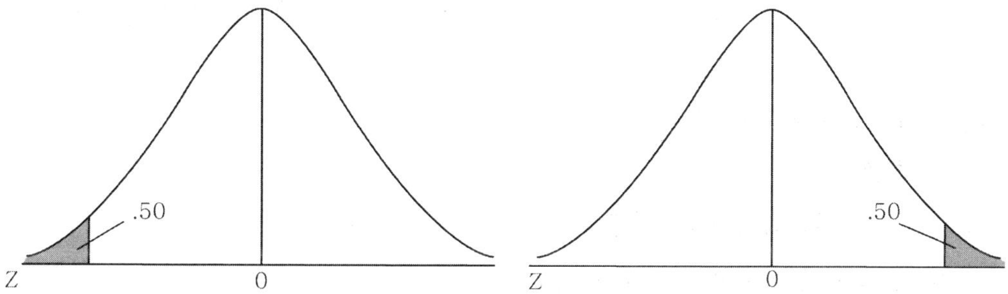

[그림 17] **일방검증시 영가설 기각역**

[예]

- 남학생의 수리탐구 영역의 성적이 여학생에 비해 높을 것이다.
- 주의집중 훈련 프로그램을 실시하면 컴퓨터 게임시간이 줄어들 것이다.
- 설명식 수업에 비해 협동학습 수업이 학생들의 사회성을 발달시키는 데 더 긍정적인 영향을 미칠 것이다.

마. 가설검증의 오류

● 가설검증은 전집의 사례 모두를 측정하지 않고 표집된 일부 사례인 표본을 대상으로 자료를 수집하여 가설을 검증하고, 이를 근거로 전집에 대한 결론을 내린다. 이 과정에는 필연적으로 표본오차로 인한 오류의 가능성이 있다.
● 오류를 줄이는 방법은 영가설 채택 혹은 기각역의 유의수준을 조정하는 것이다.

1] 제1종 오류(type 1 error) : 참인 영가설을 기각시키는 의사결정

2] 제2종 오류(type 2 error) : 거짓인 영가설을 채택하는 의사결정

〈표 9〉 가설검증의 다양한 경우

구 분		의사결정(혹은 결론)	
		Ho 채택	Ho 기각
실제상황	Ho가 사실	**올바른 결정** 확률 = $1-\alpha$	1종 오류 확률 = α
	Ho가 거짓	2종 오류 확률 = β	**올바른 결정** 확률 = $1-\beta$ [검증력]

바. 유의수준과 유의도 검증

1] 유의수준

[1] 영가설의 기각을 결정하는 데 요구되는 기준의 확률

[2] 제1종 오류를 허용하는 최대 확률

[3] $\alpha=$ .05 혹은 $\alpha=$ .01/ 또는 영가설을 기각할 때 범하는 오류의 확률(probability)이 .05(5%)이하일 때는 $p \leq .05$, .01(1%) 이하일 때는 $p \leq .01$, 혹은

.001(0.1%) 이하일 경우에는 p≤.001 등으로 표기. 이들은 모두 검정의 위험률이라고 할 수 있음.

[4] 이처럼 유의수준을 흔히 α(alpha)라고 하며, α는 결국 H_o가 사실인 경우에 H_o를 부정하는 오류의 가능성을 나타냄.

[5] 유의수준은 통계적 가설검증 전에 미리 결정하며, 통계적 검증이 끝난 후 검증결과에 맞추어 이를 설정하는 것은 잘못임(연구윤리에 어긋남).

2] 유의도 검증

[1] 표집결과에 비추어 두 개의 통계적 가설, 즉 H_o 와 H_A를 비교하는 과정 혹은 절차

[2] 주어진 가설하에서 얻어질 수 있는 표집분포와 현재 구해진 통계치와의 비교를 '검증(test)한다'라고 말함.

[3] 따라서 유의도 검증은 주어진 가설하에서 이론적으로 얻어질 수 있는 표집치의 분포에서 한 표집에서 얻은 통계치를 이러한 이론적 표집분포와 비교하는 과정임.

사. 영가설의 채택과 기각

〈표 10〉 영가설의 채택과 기각 판정 방법

Z 또는 t값 (단, df=∞ 인 경우의 임계치)	α 수준	p 표기법	H_o 채택 혹은 기각 여부	판정
1.65 미만	.10 또는 10% 미만	p〉.05	채택	유의하지 않은
1.65	.10 또는 10%	p〉.05	채택	유의하지 않은
1.96	.05 또는 5%	p〈.05	기각	유의한
2.33	.02 또는 2%	p〈.02	기각	유의한
2.58	.01 또는 1%	p〈.01	기각	유의한
2.81	.001 또는 0.5%	p〈.005	기각	유의한
3.29	.001 또는 0.1%	p〈.001	기각	유의한

[익힘문제 5]

어느 시지역의 고등학교에서 대학진학자를 조사한 결과가 다음과 같다. 각 계열 지망의 p의 표준오차를 계산하고, 95%와 99%의 신뢰한계를 구하고 그 결과를 해석하라.

인문사회계열	자연과학계열	공학계열	의약학계열	취업(또는 무지망)	계
215	189	198	63	86	751

제 5 장

통계치의 차이 검증 또는 관계성 검증을 위한 통계

1. Z–test : 평균치 간의 차이 검증, 독립표본 / 대표본
2. t–test
3. 일원변량분석
4. 이원변량분석
5. 공변량분석
6. 교차분석(X^2 검증) : 빈도와 비율의 차이 유의도 검증
7. 단순 선형회귀 분석
8. 중다회귀 분석
9. 다변량 분석
10. 척도의 신뢰도 분석

연구, 조사, 평가 등에서는 관찰하는 두 집단 혹은 두 집단 이상의 집단 간 차이가 있는가? 차이가 있다면 그 차이를 얼마나 믿을 수 있는가에 관심을 지니는 경우가 많다.
- 지능이나 중간고사 성적은 교과 간, 혹은 성별로 차이가 있는가?
- 강의법과 소집단 토론법, 협동학습법 등의 교수방법 간에 학습효과가 큰 것은 무엇인가?

1. Z-test : 평균치 간의 차의 검증, 독립표본/ 대표본

$$Z = \frac{D_M}{\sigma_{DM}} = \frac{M_1 - M_2}{\sqrt{\frac{S_1^2}{N_1} + \frac{S_2^2}{N_2}}}$$ ……………………………………………………[공식 56]

[예제 22] 고등학교 1학년 남학생 83명과 여학생 95명을 대상으로 영어 어휘력 검사를 실시한 결과가 다음과 같다.
남학생 : M=30.9 S=7.8
여학생 : M=32.5 S=6.5
남학생과 여학생 간 영어 어휘력은 차이가 있는가를 95% 신뢰수준에서 검증하라.[양방검증]

[풀이]
1. 평균치의 차(D_M) = 32.5−30.9=1.6
2. 평균치의 차의 표준오차 $\sigma_{DM} = \sqrt{\frac{S_1^2}{N_1} + \frac{S_2^2}{N_2}} = \sqrt{\frac{7.8^2}{83} + \frac{6.5^2}{95}}$ =1.08
3. $Z = \frac{1.6}{1.08}$ =1.48
4. Z=1.48은 영가설 긍정영역(Z분포곡선의 중앙 면적이 95% 이내)에 위치하는 값이다. 따라서 영가설(남녀 간에는 차가 없다)이 긍정되는 결과로서, "남학생과 여학생 간 어휘력은 차이가 없다"라고 결론 내릴 수 있다. [Z값이 절대치로 1.96 이상일 때 차가 있다고 결론내림]
※양방검증의 경우에는 Z분포곡선의 양쪽 끝부분의 면적의 합이 .o5(5%)보다 작을 때 영가설을 부정하고, 연구자가 설정한 연구가설(차가 있다)을 채택함.

[예제 23] 독서프로그램이 논술력을 향상시킨다는 근거를 바탕으로 A반에는 독서프로그램을 12주 간 실시하고, B반은 일반적인 학습과제를 해결하도록 했다. 12주 후 두 반의 논술고사 성적은 다음과 같다.

A : N=53 M=30.0 S=5.5

B : N=55 M=25.5 S=4.5

교사가 세운 가설은 지지되는가를 95% 신뢰수준에서 검증하라.[일방검증]

풀이

1. 평균치의 차(D_M) = 30−25.5=4.5

2. 평균치의 차의 표준오차 $\sigma_{DM} = \sqrt{\frac{S_1^2}{N_1} + \frac{S_2^2}{N_2}} = \sqrt{\frac{5.5^2}{53} + \frac{4.5^2}{55}}$ = 0.97

3. $Z = \frac{4.5}{0.97}$ =6.43

4. Z=6.43은 영가설 긍정영역(Z분포곡선의 왼쪽 큰 부분의 면적 95% 이내) 밖에 위치하는 값이다. 따라서 영가설(두 반의 논술고사 성적은 차가 없다)이 부정되는 결과로서, “독서프로그램은 논술력을 향상시킨다”라고 결론 내릴 수 있다. [일방검증의 경우 Z값이 +1.645보다 크면 두 집단 간 차가 있다고 결론내림]

※ 일방검증의 경우에는 Z분포곡선의 한 쪽 끝부분의 면적이 .o5(5%)보다 작을 때 영가설을 부정하고, 연구자가 설정한 연구가설(차가 있다)을 채택함.

[예제 24] 방과 후 집단토론 프로그램이 학생들의 논술력 향상에 도움이 되는가를 밝히기 위해 한 학기 동안 학생 64명을 대상으로 방과 후 집단토론 프로그램을 운영했다. 그 결과는 다음과 같다.

학기 초의 논술고사 성적 : M=45.0 S=6.6

학기 말의 논술고사 성적 : M=48.0 S=7.5 성적 전후 간 상관계수(r)=.50

한 학기 동안 방과 후 집단토론 프로그램은 학생들의 논술력을 의미 있게 향상시켰는가?

풀이[일방검증]

1. $D_M = 48 - 45 = 3$

2. **상관표본**이면서 대표본인 경우의 평균치의 차의 표준오차

$\sigma_{DM} = \sqrt{\sigma_{M1}^2 + \sigma_{M2}^2 - 2r\sigma_{M1}\sigma_{M2}}$ [여기서, $\sigma_M = \frac{S}{\sqrt{N}}$]

$\sigma_{DM} = \sqrt{0.68 + 0.88 - 2 \times .5 \times .68 \times .88}$ =0.99

3. $Z = \frac{3}{0.99} = 3.03$

4. 단측검증의 경우, 5% 유의수준은 Z=1.65 이상을 요구하고, 1% 유의수준은 2.33 이상을 요구한다. 여기서 얻은 Z=3.03은 1% 유의수준을 넘고 있다. 따라서 방과 후 집단토론 프로그램은 학생들의 논술력 향상에 긍정적인 효과를 미쳤다.

상관표본 : 단일군 방법/ 동등군 방법(짝진 표집)/ 균등군 방법(평균, 표준편차를 같게)

2. t-test

사례 1 : 남학생과 여학생 각각 35명씩을 대상으로 학교생활에서의 스트레스를 조사하여 성별 간 스트레스 수준의 차이가 있는가를 밝힌다.

사례 2 : 고등학교 영어과를 담당하고 있는 손 교사는 자기장학의 효과를 검증하기 위하여 매달 말경에 학생들로 하여금 수업평가를 실시하고, 그 결과를 수업 개선에 반영하는 "자기장학프로그램"을 실시하였다. 매달 수업평가를 실시한 학생은 30명이다. 3월과 4월, 4월과 5월 등 시간의 경과에 따라서 수업평가 결과가 긍정적으로 나타나는가를 검증하고자 한다.

사례 3 : 중학생 대상의 또래상담이 학생들 간의 인간관계와 사회성 육성에 효과가 있는가를 밝히기 위하여, 서로 다른 성격을 지닌 5명, 유사한 성격을 지닌 5명, 성적의 개인차가 큰 5명, 성적의 개인차가 적은 5명 등을 또래집단으로 구성하여 한 학기 동안 또래상담을 실시하고, 그 결과를 분석하려고 한다.

가. t검증을 위한 기본 가정

1] 연구의 종속변인이 양적변인이어야 한다.

2] 종속변인 모집단의 분포가 정상분포여야

3] 두 집단의 비교일 경우 두 모집단의 변량이 같아야 한다.

4] 모집단의 변량이나 표준편차를 알지 못할 때 사용

나. 소표본의 경우 점수분포는 정상분포를 이루지 않으며(Z점수 분포가 아님) **t분포**를 이룬다.

다. t분포는 **자유도(df : degree of freedom)**에 따라서 변한다.

라. **자유도**란 n−1이다. 차의 유의도 검증시 $df=n_1+n_2-2$

마. 자유도가 작아짐에 따라서 t분포는 중앙이 납작해지고, 양 끝이 치켜 올라가는 모습 을 보임.

바. t점수에 의해 분할되는 정상분포곡선하의 면적이 Z분포와 다르다.

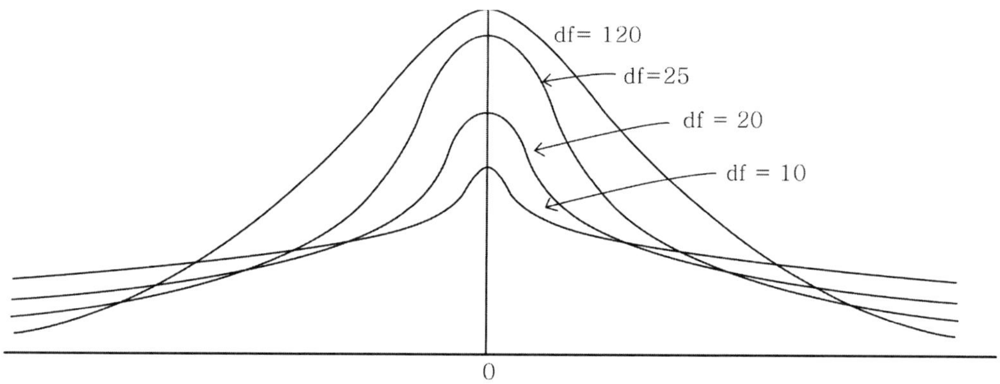

[그림 18] **자유도에 따른 t분포곡선의 대략적인 모습**

사. Z검증과 t검증과의 차이점

1] 자유도를 고려하여 일정 유의수준의 임계치 구하는 일

2] t검증은 표본 평균의 표준오차 계산시 자유도(n−1) 반영

z검증시 : $S_M = \frac{S}{\sqrt{n}}$ → t 검증시 $S_M = \frac{S}{\sqrt{n-1}}$ ………………… **[공식 57]**

아. t값의 계산 : 전집의 변량을 아는 경우/모르는 경우

[모르는 경우]

$t = \frac{M_1 - M_2}{S_{M1-M2}}$ ……………………………………………………… **[공식 58]**

여기서 $S_{M1-M2}=\sqrt{\frac{S_1^{\ 2}}{n_1-1}+\frac{S_2^{\ 2}}{n_2-1}}$ ································ **[공식 59]**

[예제 25] 행복감 증진프로그램을 실시한 결과가 다음과 같다. 남자와 여자 간에 행복감지수의 차이가 있는가를 검증하라.

성별	n	M	S	t
남자	23	3.35	1.03	
여자	22	5.27	1,08	

(1) 가설의 설정 : 양방검증

(2) 평균치의 차의 표준오차($S_{M_1-M_2}$) 계산 {**[공식 59]**의 적용}

$$S_{M1-M2}=\sqrt{\frac{S_1^{\ 2}}{n_1-1}+\frac{S_2^{\ 2}}{n_2-1}} = \sqrt{\frac{S_1^{\ 2}}{n_1-1}+\frac{S_2^{\ 2}}{n_2-1}}$$

$$=\sqrt{\frac{1.03^{\ 2}}{23-1}+\frac{1.08^{\ 2}}{22-1}} = 0.322$$

(3) t값 계산

$$t = \frac{5.27-3.35}{0.322} = 5.963$$

(4) 자유도에 따른 유의수준별 임계치 확인

df = 23 + 22 - 2 = 43 / 양방검증이므로 df = 43일 때의 임계치는 $p<.05$ 수준에서 cv = 2.110 $p<.01$ 수준에서 cv = 2.898 계산되어 나온 t값은 2.898을 넘고 있다.

(5) 결론 : 남녀 간 행복감지수의 평균치는 $p<.01$ 수준에서 유의한 차이가 있다.

자. t-test의 종류

[1] 단일표본 t-test : 한 표본자료의 평균치와 이론적, 선행연구의 평균치 간 차이 검증

[2] 두 독립표본 t-test

[3] 두 종속(짝진)표본 t-test : 두 변수의 차이값을 하나의 종속변수로 사용한

t-test

▶ 동변량성 가정이 충족되지 못하는 경우, Welch-Aspin test를 해야 하며, SPSS 출력물의 "동변량이 가정되지 않음" 난의 통계분석치를 사용함.

차. 대응측정치의 차를 이용한 t-test

[예제 26] 어떤 연구자가 구조중심 협동학습 모형을 적용하여 수업을 하면 사회성이 증진되는가를 밝히기 위해 10명을 대상으로 이 모형을 적용한 수업을 실시했다. 수업 전과 후에 사회성을 측정한 결과가 다음과 같다. 이 수업모형이 사회성을 증진시키는 데 효과가 있는가?

학생	사회성		차(D)	D^2
	전	후		
1	12	13	1	1
2	24	25	1	1
3	22	28	6	36
4	23	26	3	9
5	20	25	5	25
6	19	27	8	64
7	23	25	2	4
8	20	22	2	4
9	21	24	3	9
10	24	26	2	4

$$t = \frac{D_M}{\sqrt{\dfrac{N\sum D^2 - (\sum D)^2}{N^2(N-1)}}}$$ .... [공식 60]

단, df=N-1 [$\Sigma D = 33$ $(\Sigma D)^2 = 1089$ $D_M = 3.3$ $\Sigma D^2 = 157$

$$t = \frac{3.3}{\sqrt{\dfrac{(10)(157)-1089}{(10)^2(10-1)}}} = 4.52$$ 따라서 df=9일 경우 t값 4.52는 $p<.01$ 수준에서 유의함

[예제 27] 청소년을 대상으로 '자기통제력 향상 프로그램'을 적용하고 그 효과를 검증하고자 한다. 이를 위해 14명을 표집하여 실험집단과 통제집단에 각각 7명씩 배정하였다. 실험집단에 대해서는 10주간에 걸쳐 '자기통제력 향상 프로그램'을 투입하였고, 통제집단에는 일상적인 일과를 부여하였다. 10주 후 두 집단의 자기통제력을 측정한 결과의 데이터는 아래와 같다. 자기통제력 향상 프로그램은 청소년의 자기통제력 향상에 효과가 있는가? 적절한 통계적 방법을 적용하여 통계분석을 실시한 후 그 결과를 정리하고 적절한 해석과 결론을 내리시오.

1) 데이터

집단	점수
통제집단	16, 40, 25, 47, 14, 31, 11
실험집단	44, 55, 25, 66, 28, 41, 43

2) 결과 정리

집 단	N	M	SD	t	p
통제집단	7	26.3	13.73	−2.250	.044
실험집단	7	43.1	14.30		

3) 해석 및 결론

통제집단과 실험집단 등 2개 집단 간 평균치의 차이검증이 요구되므로 t검증 혹은 F검증을 실시할 수 있으나, 사례수가 적기 때문에 독립표본 t검증을 실시했다.

두 집단 간 자기통제력 측정치 평균치(통제집단 : 26.3, 실험집단 : 43.1)의 차(16.8점)가 통계적으로 유의한 차이인가를 t검증한 결과, $t=-2.250$으로서 이러한 t값은 $p<.05$수준에서 실험집단이 통제집단에 비해 유의하게 높은 것으로 밝혀졌다.

따라서 청소년을 대상으로 실시한 '자기통제력 향상 프로그램'은 청소년들의 자기통제력을 향상시키는 데 영향을 주었다고 결론 내릴 수 있다.

다만, 이 실험설계는 프로그램을 투입하기 전에 두 집단 모두에게 자기통제력에 대한 사전검사를 실시하여 동질집단인지를 확인한 과정을 거치지 않아서 자기통제력의 사후검사 점수의 평균치가 실험집단에서 높다는 것만으로 자기통제력 향상 프로그램 운영이 청소년의 자기통제력을 향상시킬 수 있다고 단정적으로 결론내리기에는 한계가 있다. 왜냐하면, 프로그램을 투입하기 전부터 실험집단에 포함된 청소년들이 통제집단에 비해 자기통제력이 더 높은 청소년들이 더 많이 포함되었을 수도 있기 때문이다(이 연구에서는 이 점을 확인할 길이 없다). 따라서 이러한 연구에서는 다음과 같은 "사전–사후 통제집단 설계"를 적용하는 것이 연구의 내적 타당성을 높이게 된다는 점을 유의할 필요가 있다.

4) 보완적인 연구설계

이러한 실험연구의 문제점을 해결하기 위해서는 다음과 같은 실험설계가 적용되는 것이 보다 타당하다.

통제집단	O_1		O_2
실험집단	O_3	X	O_4

실험설계에서 O_1, O_3 : 사전검사

O_2, O_4 : 사후검사

X : '자기통제력 향상 프로그램'을 의미함.

t값의 계산 공식

1. $N_1 \neq N_2$인 경우

$$t=\frac{M_1-M_2}{\sqrt{\frac{N_1S_1+N_2S_2}{N_1+N_2-2}\left(\frac{1}{N_1}+\frac{1}{N_2}\right)}}$$ ······[공식 61] 여기서 df=N_1+N_2-2

2. $N_1 = N_2$인 경우 $N_1 = N_2$ = N이므로

$$t=\frac{M_1-M_2}{\sqrt{\frac{S_1^2+S_2^2}{N-1}}}$$ ······[공식 62] 단, df=N_1+N_2-2

[예제 28] 어느 고등학교 학생 3학년과 2학년의 학교생활만족도 측정 결과는 다음과 같다. 학년 간 학교생활만족도는 차이가 있는가를 t검정하시오.

학 년	N	M	SD
2학년	165	47.29	11.25
3학년	152	52.43	9.82

1) t-test 를 위한 t값 계산

(두 집단의 사례수가 다르므로)

$$t=\frac{M_1-M_2}{\sqrt{\frac{N_1S_1+N_2S_2}{N_1+N_2-2}(\frac{1}{N_1}+\frac{1}{N_2})}}\ \textbf{[공식 61]} = \frac{52.43-47.29}{\sqrt{\frac{(165)(11.25)^2+(152)(9.82)^2}{165+152-2}(\frac{1}{165}+\frac{1}{152})}}$$

$$=\frac{5.14}{2.616}=1.965$$

2) 결과 해석

df=165+152−2=315, 즉 df=315일 때 p<.05 수준에서 유의한 차가 있다는 판단을 하기 위한 t값은 1.96(통계서적 부록 수표의 t분포 수표 참조), p<.01수준에서 유의하기 위한 t값은 2.58임. 따라서 p<.01 수준은 충족시키지 못하나, 계산된 t값(1.965)은 p<.05 수준에서 유의한 것으로 밝혀짐.

3) 결론

2학년에 비해 3학년의 학교생활만족도 평균치는 p<.05 수준에서 유의한 차가 나타났다. 즉, 3학년이 2학년에 비해 학교생활만족도가 더 높다.

[예제 29] 각각 30명씩으로 구성된 A, B 두 학급이 있다. 방학 동안 A는 사교육을 받고, B는 사교육을 받는 시간과 같은 양의 시간에 등교하여 협동학습을 했다. 다른 조건은 통제되어 두 학급 간에 차가 없다고 가정한다. 방학이 끝나는 날 두 집단에 지구력 검사를 실시한 결과가 다음과 같다. 방학 중 학습유형 간 차이가 있는가를 검증하고 해석하시오. 그리고 결론을 내리시오.

	지구력 평균치	지구력 표준편차	사례수
A	15.2	5.2	30
B	20.2	2.7	30

1) 풀이와 해석

(1) 두 집단의 사례수가 같다. **[공식 62]**를 적용하여 t값 계산

$$t=\frac{M_1-M_2}{\sqrt{\frac{S_1^2+S_2^2}{N-1}}}=\frac{15.2-20.2}{\sqrt{\frac{5.2^2+2.7^2}{59}}}=\frac{-5}{\frac{27.04+7.29}{59}}=\frac{-5}{0.76}=6.58$$

(2) df=59일 때, p<.05수준에서 유의한 차가 있으려면 t값이 2.00 이상, p<.01수준에서 유의한 차가 있으려면 t값이 2.66 이상이어야 한다. 그런데 계산된 t값은 6.58이므로, p<.01 수준에서 유의하기 위한 t값보다 크다. 따라서 A, B 두 집단간 지구력은 p<.01 수준에서 유의한 차가 있다.

2) 결론

B반이 A반에 비해 지구력 평균치가 더 높아 방학기간 사교육형의 학습보다 등교 후 협동학습형이 지구력에 긍정적인 영향을 미친다.

[예제 30] 상관표본의 경우

35명의 학급에 학년 초와 학년말 문제해결을 위한 인지전략 검사를 실시한 결과가 다음과 같다. 인지전략에서의 향상이 나타났는지를 검증하시오.

	학년 초	학년 말	두 시기 간 상관계수
M	45.00	48.00	r=.60
S	6.00	5.00	

1) 상관표집의 경우, t값 계산 공식

$$t=\frac{|M_1-M_2|}{\sqrt{\frac{S_1^2+S_2^2-2rS_1S_2}{N-1}}}$$ ……………………………………………………………[공식 63]

2) **[공식 61]**에 해당하는 통계치를 대입하면,

$$t=\frac{|45-48|}{\sqrt{\frac{6^2+5^2-2\times.60\times6\times5}{35}}}=\frac{3}{\sqrt{\frac{25}{34}}}=\frac{3}{0.86}=3.49$$

3) t값이 3.49면, p〈.05 수준에서 유의하기 위한 t값(df=34)은 일방검증시 1.675, p〈.01수준에서 유의하기 위한 t값은 2.435이다[통계서적 부록 t분포표 참조]. 그러므로 계산된 t값은 p〈.01수준에서 유의한 것이다.

4) 결론

학년 초에 비해 학기 말에 인지전략 측정치의 평균치가 유의하게 높다. 따라서 1년간 학생들의 인지전략은 진전을 보였다.

[대응수치의 차를 이용하는 방법]

$$t=\frac{|M_D|}{\sqrt{\frac{N\sum D^2-(\sum D)^2}{N^2(N-1)}}}$$ 단, df=N-1 ……………………………………………[공식 64]

[예제 31] 집단상담이 학습부진학생들의 자아개념을 긍정적으로 변화시키는가를 연구하기 위해 어떤 상담교사가 학습부진아 10명을 대상으로 12주간 집단상담을 실시했다. 상담 전과 후에 그들의 자아개념 검사 실시결과가 다음 〈표 11〉과 같다. 집단상담은 학습부진아들의 자아개념 변화에 영향을 미쳤는가?

〈표 11〉 자아개념 측정 결과

학습부진학생	상담		D	D^2
	전	후		
1	12	11	−1	1
2	24	19	−5	25
3	29	37	8	64
4	33	38	5	25
5	30	35	5	25
6	36	39	3	9
7	39	41	2	4
8	39	42	3	9
9	43	44	1	1
10	35	47	12	144
계			33	307

1) 풀이

[공식 62]에 의해 $t=\dfrac{|M_D|}{\sqrt{\dfrac{N\sum D^2-(\sum D)^2}{N^2(N-1)}}}=\dfrac{\dfrac{33}{10}}{\sqrt{\dfrac{10\times 307-1089}{100\times 99}}}=\dfrac{3.3}{0.447}=7.38$

2) 검증 결과 해석, 결론

계산되어 나온 t값(7.38)은 상담 전/후 자아개념 평균치의 차가 일방검증시 $p<.05$ 수준에서 유의하기 위한 1.833을 넘고 있으며, $p<.01$ 수준에서 유의하기 위한 2.821도 초과된 값이다. 따라서 학습부진아를 대상으로 한 집담상담은 학습부진아들의 자아개념을 긍정적으로 변화시키는 영향이 있다.

[예제 32]

W중학생과 고등학생 각각 25명과 23명을 대상으로 영어 어휘력검사를 실시한 결과가 다음과 같다. 두 모집단 변량이 같지 않다고 가정되는 이 같은 자료에서 중학생과 고등학생 간 영어 어휘력 성적의 평균치에 차가 있는가를 검증하라.

중학생 : N=25 M=42 SD=8.5
고등학생 : N=23 M=76 SD=12.6

[상황해설]

하나의 표집에서 구한 통계치가 전집치의 한 좋은 추정치가 될 수 있는가를 판단하는 경우, 그 기준으로서 불편성(unbiasedness)을 들 수 있다. 모집단 변량이 확실하지 않은 경우 표본 변량을 전집 변량으로 대신 사용하는 경우가 있으나, 이 예제에서처럼 두 집단의 평균치가 큰 차이가 있을뿐만 아니라 표준편차도 역시 크게 차이가 나타나는 경우에는 두 모집단 표준편차의 불편성 가정이 성립되기 어렵다. 즉, 표본의 표준편차를 전집의 표준편차로 대신 사용하는 것은 불합리하다. 이러한 경우에는 표본의 변량 S^2 대신에 U^2을 사용한다. 이것을 불편변량추정치라고 부르며, 표본변량과의 관계는 다음과 같다.

$$U^2 = \frac{S^2 N}{N-1} \quad \cdots\cdots\cdots [\text{공식 } 65]$$

따라서, 두 전집의 변량이 같다는 가정이 성립되지 않는 경우에는 Cochran-Cox방법으로 두 집단 간 차이를 검증하는 것이 타당하다.

[검증 절차]

[1] 유의수준 결정 : p=.05

[2] p=.05일 때 자유도에 해당하는 t값을 [부록 수표 11]에서 찾으면, df=24일 때 t=2.064, df=22일 때 t=2.074를 확인할 수 있음

[3] 두 개 표본의 SD로부터 불편변량을 U^2 계산 공식으로부터 계산

$$U_1^2 = \frac{8.5^2(25)}{25-1} = 72.26$$

$$U_2^2 = \frac{12.6^2(23)}{23-1} = 163.35$$

[4] 이들 값을 각각의 표본의 크기로 나눔. 이것은 평균의 표준오차의 자승(평균의 오차변량이라고 부름)의 불편추정치이다.

$$U^2_{1M1} = \frac{72.26}{25} = 2.89$$

$$U^2_{2M2} = \frac{163.35}{23} = 7.10$$

[5] 이들 값들을 다음의 식에 대입

$$t = \frac{t_1 U^2_{1M1} + t_2 U^2_{2M2}}{U^2_{1M1} + U^2_{2M2}} \quad \text{[공식 66]}$$

$$= \frac{(2.064)(2.89) + (2.074)(7.10)}{2.89 + 7.10} = \frac{20.68}{9.99} = 2.07$$ [이것이 기준임]

[6] 다음 식으로 t값 계산

$$t = \frac{M_1 - M_2}{\sqrt{U^2_{1M1} + U^2_{2M2}}} \quad \text{[공식 67]}$$

$$= \frac{76 - 42}{\sqrt{2.89 + 7.10}} = \frac{34}{3.16} = 10.76$$

[7] [6]번에서 구한 t값이 [5]번에서 구한 기준 값보다 크면 두 집단 간 유의한 차가 있다고 결론 내림. 따라서 계산된 t값 10.76은 기준값 2.07을 크게 초과하므로 중학생과 고등학생 간 영어어휘력 성적은 p〈.05수준에서 유의한 차가 있다고 결론 내릴 수 있음.

[형성평가 12]

어느 대학의 3학년과 4학년 교육통계 시험결과가 r다음과 같다. 학년 간에 성적의 차이가 있다고 볼 수 있는가? 두 집단 간 교육통계 시험 성적의 차를 t검증하고, t 검증 결과표를 작성한 후 그 결과를 해석하라.

학 년	N	M	SD
3	25	82.5	8.75
4	20	84.6	7.34

[익힘문제 6]

1] [부록 6]의 (실험 전) 자료를 가지고 성별 자아개념과 성적의 평균치가 차이가

있는가를 t검증하라.

2] [부록 6]의 자료를 이용하여 남학생의 자아개념과 성적의 실험 전/후 차이를 t검증하라.

3] [부록 6]의 자료를 이용하여 여학생의 자아개념과 성적의 실험 전/후 차이를 t검증하라.

SPSS 이용방법 1. Analyze ⇒ One-Sample ⇒ Independent Samples T Test ⇒ Paired Samples T Test 2. One-Sample t-test : 변인창에서 종속변인 선택 ⇒ 'Test Value:'에 기준값 입력 ⇒ Options 클릭 ⇒ 지정된 프로그램대로 Continue ⇒ OK 3. Independent Samples T Test : 변인창에서 종속변인 선택(1개 이상) ⇒ Grouping Variable : 의 칸으로 독립변인 이동시키거나, Define Groups 창에 어떤 독립변인의 상/하 또는 집단을 구분 짓는 값을 입력 ⇒ Options 클릭 ⇒ 지정된 프로그램대로 Continue ⇒ OK 4. Paired Samples T Test : 변인창에서 짝진 두 변인을 선택하여 Paired Variable창으로 이동시킴 ⇒ 나머지 과정은 위와 동일

[참고]

독립 2표본 t-test는 모집단 분포가 정상분포를 이룰 것이라는 가정에 기초하고 있다. 따라서 이 가정이 충족되지 않을 경우에는 비모수통계분석 중의 하나인 Mann-Whitney U-test를 해야 함.

* SPSS에서의 t-test 결과

Group Statistics

			N	Mean	Std. Deviation	Std. Error of the Mean
ASC 학업자아개념	Group 성적집단	상	83	25.9013	7.1893	3.5604
		하	79	21.6835	7.8462	1.0072

Independent Samples Test

		Levene's Test for Equality of Variances		t-test for Equality of Means						
		F	Sig.	t	df	Sig. (2-tailed)	Mean Difference	Std. Error Difference	95% Confidence Interval of the Mean	
									Lower	Upper
성적	Equal variance assumed	14.925	.000	6.274	298	.000	4.2178	1.9042	12.3562	20.7829
	Equal variance not assumed			6.002	192.406	.000	4.2178	1.9985	12.1072	21.4825

[해설]

1] Levene's Test for Equality of Variances : t-test를 위한 자료가 갖추어야 할 조건의 하나로서 두 집단(성적 상/하 집단) 변량의 동질성 검증 결과임. 이 예에서는 영가설(두 집단의 변량이 동일하다)을 기각하는 결과(p〈.001)가 나타났으므로, Equal variance assumed 난의 t-test 통계치를 이용하여 표를 작성하고 해석하게 됨.

2] t-test 결과, t값이 6.274, df=298이며, 양방검증시 p〈.oo1 수준에서 두 집단 간 유의한 차이가 있음. 따라서 성적 상/하 두 집단 간 학업자아개념은 유의한 차이가 있으며, 성적 상 집단이 하 집단에 비해 학업자아개념이 보다 긍정적임

3] Mean Difference : 성적 상/하 두 집단의 평균치의 차

4] Std. Error of the Mean : 평균치의 표준오차

5] 95% Confidence Interval of the Mean : 표본의 통계치(평균치)로 전집의 모수치(평균치)를 95% 신뢰수준에서 추리할 때의 신뢰구간

3. 일원변량분석(One-Way ANOVA, analysis of variance)

사례 1 : 강의법, 협동학습법, 소집단토의법 등 세 가지 교수법이 학생들의 자기주도적 학습태도에 미치는 영향을 밝히기 위해(즉, 세 교수법을 적용한 집단 간에 성적의 차이가

나타나는가) 성적이 비슷한 3반을 선정하여 한 학기 동안 수업을 실시하고, 학기 전 · 후 각각 학생들의 자기주도적 학습태도를 측정한 후 통계적 검증을 한다.

사례 2 : 3개 반으로 구성된 고등학교 3학년의 영어 성적이 학급별로 차이가 있는가를 밝힌다.

사례 3 : 3개 학년 간 자아개념이 차이가 있는가를 밝힌다.

가. t-test와 일원변량분석과의 관계 및 차이점

[1] 독립변인의 수준이 2개인 경우(예 : 강의법과 토의법), t-test와 일원변량분석 결과는 동일하게 나타남. 즉, F=t^2 ……………………………………………[공식 68]

[2] 두 평균치 간 차이가 있는가를 검증하는 t-test는 일원병량분석의 특수한 경우임

[3] 독립변인이 사회경제적 지위(SES)로서 5개 수준(상의 상, 상의 중, 중, 하의 상, 하의 하) 간 학업성적의 차이가 있는가를 t-test할 경우 ${}_5C_2$ 즉 10번의 t-test를 해야 하지만, 일원변량분석은 단 한번에 5개 집단 간 성적의 차이가 유의한가를 검증한다.

[4] 이 경우 영가설(Ho)을 기각할 때 범할 수 있는 오류 확률(.05)은

$[1-(1-\alpha^{10})] = 1-(1-0.05)^{10} = .40$ 으로 40%가 되는 통계적 약점이 있다.

[5] t-test는 표본평균과 표준오차에 의한 t분포곡선에 기초한 평균치의 비교라면, 변량분석은 표본변량의 비(比)로 구성되는 F분포곡선에 기초한 변량의 비교임

[6] 변량분석을 F-test라고도 표현하는데, 이는 영국의 통계학자 R.A.Fisher에 의해 개발된 것에 연유함.

나. 변량(V, variance)과 변량분석이란?

- 개인차의 양
- 집단 평균치로부터 개별 사례의 측정치가 이탈되어 있는 양
- 표준편차의 제곱

$$V = S^2 = \frac{\sum(X-M)^2}{N} \quad \cdots\cdots\text{[공식 69]}$$

■ **변량분석** : 집단평균 간에 차가 없다면, 각 집단내의 변량과 집단 간의 변량에는 차가 없을 것이라는 원리에 기초하여 집단 간 평균을 비교하는 대신에 변량을 분석하는 통계적 검증 방법

다. 변량분석의 전제 조건

[1] 독립변인은 유목변인(남과 여, 경제수준 상과 중 및 하), 종속변인이 양적변인이어야 함.

[2] 각 모집단 분포가 정상분포여야(정상분포성 가정) 함.

[3] 각 모집단의 변량이 같아야(동변량성 가정) 함.

[4] 한 표본의 측정치는 다른 표본의 측정치와 관련이 없어야(독립성 가정) 함.

라. 변량분석 결과표의 예

<표 12> 사회경제적 수준별 자아개념 차이 검증 결과(예)

SV(변량원)	SS(자승합)	df(자유도)	MS(변량추정치)	F
집단간(SSB)	46.23 [1]	2	46.23/2 =23.115	23.115/2.43 = 9.513
집단내(SSW)	34.0 [2]	14	34/14 = 2.43	
전 체(SST)	80.23 [3]	16		

마. 각 통계치의 계산 방법

1] 자승합(SS) : 차의 자승의 합

[1] 집단간 자승합(SSB) : n_1(첫째집단 평균— 전체평균)^2 + n2(둘째집단 평균—전체평균)^2+ n_3(셋째집단 평균—전체평균)^2 + ……

[2] 집단내 자승합(SSW) : Σ(각 사례의 원점수— 하위집단평균)^2

[3] 전체 자승합(SST) : Σ(원점수— 전체평균)^2 또는 SSB + SSW

2] 자유도(df)

[4] 집단간 자유도(df_1) : 하위집단의 수 – 1

[5] 집단내 자유도(df_2) : 전체 사례수 – 집단의 수

[6] 전체 자유도(dft) : df_1 + df_2, 혹은 N–1

3] 변량추정치(MS)와 F값

[7] 집단간 변량추정치(MS_1) : SSB / df_1 ⇒ **체계적 변량**

[8] 집단내 변량추정치(MS_2) : SSW / df_2 ⇒ **비체계적(오차) 변량**

[9] F 값 계산

$$F = \frac{MS_1}{MS_2} \quad \text{[공식 70]}$$

바. F값에 의한 유의도 검증 방법

부록 F분포 수표에서 df_1과 df_2가 교차하는 지점의 값을 임계치로 하여 이 값보다 계산된 F값이 크면, "집단간에 유의한 차이가 있다"라고, 작으면 "집단간 차이가 없다" 라고 판정

[예제 33]

3집단에게 3가지 서로 다른 교수–학습전략(A,B,C)을 사용하여 수업을 한 후 각 집단에서 무선표집을 하여 학력을 측정한 결과 다음과 같은 결과가 나타났다. 3가지 교수–학습전략의 효과를 검증하라.

A : 3 3 4 5 5 -- 강의와 기억

B : 4 6 7 8 8 9 -- 강의와 질문

C : 5 8 8 8 9 10 -- 강의와 형성평가, 질문

[검증 절차]

(1) 세 집단의 평균치와 전체평균치 계산

M_1 = 4 M_2 = 7 M_3 = 8 M_g = 6.47

(2) 집단간 자승합(SSB) 계산

$SSB = \{5(4-6.47)^2\} + \{6(7-6.47)^2\} + \{6(8-6.47)^2\} = 46.23$

(3) 집단내 자승합(SSW) 계산

$SSW = \{(3-4)^2 + (3-4)^2 + (4-4)^2 + (5-4)^2 + (5-4)^2\} + \{(4-7)^2 + (6-7)^2 + (7-7)^2 + (8-7)^2 + (8-7)^2 + (9-7)^2\} + \{(5-8)^2 + (8-8)^2 + (8-8)^2 + (8-8)^2 + (9-8)^2 + (10-8)^2\} = 34.00$

(4) 전체 자승합(SST) 계산

$SST = SSB + SSW = 46.23 + 34 = 80.23$

(5) 자유도 계산

$df_1 = J - 1 = 3-1 = 2$ $df_2 = N - J = 17 - 3 = 14$ $df_t = N - 1 = 16$ 혹은 $df_1 + df_2$

(6) 변량추정치 계산

$MSB = SSB / df_1 = 46.23 / 2 = 23.115$

$MSW = SSW / df_2 = 34 / 14 = 2.43$

(7) F 값 계산

$F = MSB / MSW = 23.115 / 2.43 = 9.512$

(8) 변량분석표 작성

SV	SS	df	MS	F
집단간	46.23	2	23.115	9.512
집단내	34.00	14	2.43	
전 체	80.23	16		

(9) 유의수준 결정 및 결론 내리기

[부록 12]의 F분포 수표에서 df_1과 df_2가 교차하는 지점의 임계치 확인 →

p=.05일때의 cv = 3.74, p=.01일때의 cv = 6.51 → 계산된 F값은 6.51보다 크므로 영가설 기각하고 대립가설 수용 → 따라서 3집단간 평균치는 99%수준에서 유의한 차이가 있으며, C교수-학습전략이 가장 효과적이다.

사. 사후검증(post hoc tests)

1] 검증의 경우 : 일원변량분석 결과 집단 간 유의한 차가 나타났을 때(Ho를 기각할 때). 세 개 이상의 처치가 있을 때

2] 주요 검증 방법

▶ 변량의 동질성 가정시

[1] Scheffe Test

● 집단의 사례수가 다른 경우에도 적용 가능

● 다른 방법에 비해 유의하기 위한 평균치 차가 보다 커야

〈표 13〉 세 가지 교수-학습 전략에 따른 학력의 차이에 대한 Scheffe test 결과 예 1

SV	SS	df	MS	F	집단	2	3
집단간	46.23	2	12.115	9.512	1(M=4)	3**	4**
집단내	34.00	14	2.43		2(M=7)		1
					3(M=8)		
전 체	80.23	16			** $p<.01$		

〈표 14〉 세 가지 교수-학습 전략에 따른 학력의 차이에 대한 Scheffe test 결과 예 2

대 비	평균치 차이	표준오차	유의도
강의와 기억—강의와 질문	3	1.47	.013
강의와 기억—강의와 형성평가, 질문	4	1.49	.001
강의와 질문—강의와 형성평가, 질문	1	1.03	.863

[2] Turkey의 Honestly Significant Difference Test(Turkey's HSD)

● **모든 집단의 사례수가 동일할 경우**

● 평균 간의 1대1의 단순한 비교를 할 경우

● 전집의 평균이 동일하다는 조건하에서 몇 개 집단의 표집평균치를 구했을 때 표집오차로

두 평균치의 차가 최대가 되는 표집분포를 전제한 검증법

● 일원변량분석 결과 5개 사회경제적 수준 간 학습성취도 차가 $p<.01$ 수준에서 유의한 것으로 나타났다고 가정할 때 사후검증 결과표의 예

〈표 15〉 사후검증 결과 표 작성의 예

집 단	M2	M3	M4	M5
M1 [M=72.3]	3.6	4.5	8.2*	12.1*
M2 [M=68.7]		0.9	4.6	8.5*
M3 [M=67.8]			3.7	7.6*
M4 [M=64.1]				4.0
M5 [M=60.2]				
	p<.05			

[3] Duncan test

▶ 변량의 동질성 가정 곤란시

▶ **독립변인의 수준(집단)이 증가할수록 집단 간 평균치 차의 유의수준은 감소**

** Dunnett's T3, Dunnett의 C test

SPSS 이용방법

1. Analyze ⇒ Compare Means ⇒ One-Way ANOVA
2. 변인창에서 Dependent List에 해당 종속변인(1개 이상) 선택하여 이동시킴
3. 변인창에서 Factor : 창에 독립변인 이동시킴
4. Options 선택 ⇒ Statistics의 Descriptive 선택, Mean plot 선택 후 Continue
5. 사후검증이 필요한 경우, Post Hoc... 클릭 ⇒ 해당 검증방법 선택 후 Continue 클릭

4. 이원변량분석(Two-Way Analysis of Variance)

사례 1 : 강의법, 협동학습법, 소집단토의법 등 세 가지 교수법이 학생들의 자기주도적 학습태도에 미치는 영향은 학생들의 학력수준(상, 중, 하)에 따라서 차이가 있는가를 밝히기 위해 성적 수준이 다른 학생들을 선정하여 한 학기 동안 수업을 실시하고, 학생들의 자기주도적 학습태도를 학기 전과 후에 각각 측정하여 통계적 검증을 한다.

사례 2 : 직접교수법과 학습자중심 교수법이 학업성취도에 미치는 영향은 학생들의 학습양식(독립/의존/협동/경쟁적)에 따라서 다른가를 밝히기 위해 학업성취도가 비슷한 두 반을 선정하여 한 학기 동안 수업을 한 후 학습양식과 학업성취도 검사를 실시하여 자료를 통계분석 한다.

사례 3 : 강의법, 멀티미디어법, 소집단 토론법이 영어과 학습흥미도에 미치는 영향은 성별에 따라서 다른가를 밝히기 위해 남녀로 구성된 3개 집단을 구성하여 각각의 교수법을 적용하여 수업을 한 후 측정 자료를 분석한다.

● 요인설계(factorial design) : 둘 이상의 독립변인과 이에 따른 여러 개의 실험집단을 설정하는 실험설계

● 요인변량분석(factorial analysis of variance) : 요인설계에 적용하는 변량분석 방법으로서, 다원변량분석이라고 부르기도 함.

● 이원변량분석 : 다원변량분석에서 독립변인이 두 개인 경우(서로 다른 교수법-학생들의 성적 수준, 교수법과 성별 등)

● 삼원변량분석 : 다원변량분석에서 독립변인이 세 개인 경우(서로 다른 교수법-학생들의 성적 수준-강화방법, 교수법과 성별 및 학습양식 등)

가. 교차설계(crossed design)

1] 분석의 조건

▶ 2개의 독립변인이 종속변인에 미치는 영향의 결정

▶ 각 집단의 사례수가 동일해야

▶ 집단의 크기는 30이상이 되어야

▶ 실험연구인 경우 오염요인의 통제가 제대로 이루어져야

▶ 주효과와 상호작용 효과를 검증하는 경우

2] 분석의 예

▶ 학급편성 방식(혼성/단일성)과 수업 방식(강의법, 협동학습법)이 학업성취도에 미치는 영향

▶ 양육방식(민주적/전제적/방임적)과 가정의 대화양식(일방적/상호작용적)이 아동의 사회적 성숙도에 미치는 영향

▶ 지능(고, 저)과 학습방법(구두, 독해, 시청각)이 외국어 학습성취에 미치는 영향

▶ 취업동기와 자아존중감이 직업성취에 미치는 효과

3] 유의도 검증

▶ 이원변량분석표 기본 양식

변량원(SV)	SS(자승합)	df	MS(변량추정치)	F
열간(SSA)	(1) SSA	(6)df_1	(11)SSA/df_1(a)	a/d
행간(SSB)	(2) SSB	(7)df_2	(12)SSB/df_2 (b)	b/d
상호작용(SSAB)	(3) SS_{AB}	(8)df_3	(13)SSAB/df_3 (c)	c/d
오차(SSE)	(4) SSE	(9)df_4	(14)SSE/df_4 (d)	
전체(SST)	(5) SST	(10)df_5		

▶ 각 자승합의 계산 방법

(1) SSA(列間자승합) =

집단사례수(n)×열의 수(a)×Σ(열의 평균치 - 전체평균치)^2

(2) SSB(行間자승합) =

집단사례수(n)×행의 수(b)×Σ(행의 평균치 - 전체평균치)^2

(3) SSAB(상호작용자승합) =

nΣΣ(칸평균치-열평균치-행평균치+전체평균치)^2

(4) SSE(오차자승합) = ΣΣ(개별원점수-칸평균치)^2

(5) SST(전체자승합) = ΣΣΣ(개별원점수-전체평균치)^2

(6) df_1 = (R-1)

(7) df_2 = (C-1)

(8) df_3 = (n-1)(C-1)

(9) df_4 = RC(n-1)

(10) df_5 = (nRC-1) 또는 N-1

[예제 34] 연구자는 다음과 같이 고등학생 36명을 대상으로 수업방법(강의법/멀티미디어법)과 강화계획(고정간격/고정비율/변동간격)이 영어과 학습성취도에 미치는 영향을 연구하고자 다음과 같은 자료를 수집하였다.

강화방안 / 수업방법		B		
		고정간격	고정비율	변동간격
A	멀티미디어	6 6 7 8 9 9	5 5 5 6 6 6	8 8 9 9 10 10
	강 의 법	4 5 5 5 5 5	4 5 5 5 5 6	5 6 6 7 7 8

☻ 연구의 문제

(1) 수업방법(강의법과 멀티미디어법)에 따라서 학습성취도의 차이가 있는가? --주효과 1

(2) 강화계획에 따라서 학습성취도에 차이가 있는가? --주효과 2

(3) 수업방법과 강화계획과이 학습성취도에 미치는 상호작용 효과가 있는가? --상호작용효과

☻ 이원변량분석의 기초 계산

		강화계획			행(B)의 합
		고정간격	고정비율	변동간격	
수업방법	멀티	n_{11} = 6 ΣX_{11} = 45 M_{11} = 7.5	n_{12} = 6 ΣX_{12} = 33 M_{12} = 5.5	n_{13} = 6 ΣX_{13} = 54 M_{13} = 9	n_1 = 18 ΣX_1 = 132 M_1 = 7.33
	강의	n_{21} = 6 ΣX_{21} = 30 M_{21} = 5	n_{22} = 6 ΣX_{22} = 30 M_{22} = 5	n_{23} = 6 ΣX_{23} = 39 M_{23} = 6.5	n_2 = 18 ΣX_2 = 99 M_2 = 5.50
열(A)의 합		n_1 = 12 ΣX_1 = 75 M_1 = 6.25	n_2 = 12 ΣX_2 = 63 M_2 = 5.25	n_3 = 12 ΣX_3 = 93 M_3 = 7.75	N = 36 $\Sigma\Sigma\Sigma X$=231 MG = 6.39

(1) $SSA = 6\times3\Sigma(Ma - M_G)^2 = 38.03$

(2) $SSB = 6\times2\Sigma(Mb - M_G)^2 = 30.16$

(3) $SSAB = 6\Sigma\Sigma(Mij-Ma-Mb+M_G)^2 = 8.06$

(4) $SSE = \Sigma\Sigma(Xij-Mij)^2 = 24.5$

(5) $SST = \Sigma\Sigma\Sigma(Xij - M_G)^2 = 100.75$

(6) $df_1 = (R-1) = 3-1 = 2$ (7) $df_2 = (C-1) = 2-1 = 1$

(8) $df_3 = (R-1)(C-1) = (3-1)(2-1) = 2$

(9) df_4 = RC(n−1) = 3×2(6−1) = 30

(10) df_5 = (nRC−1) = 4×3×2 − 1 = 23, or N−1 = 24−1 = 23

☻ 변량분석 결과표 작성

변량원	자승합	자유도	변량추정치	F
수업방법(A)	30.13	1	30.160	31.916**
강화계획(B)	30.03	2	15.015	18.378**
A×B	8.06	2	4.030	4.933*
오차(집단내)	24.50	30	0.817	
전체	100.75	23		

** p<.01 * p<.05

☻ 결과 해석

(1) 수업방법에 따른 차이 : F(1,30) = 36.916은 p<.01 수준의 임계치 7.56보다 크므로 유의한 차가 있다. 즉, 멀티미디어법이 강의법보다 영어 학습성취에 더 효과적이다.

(2) 강화계획에 따른 차이 : F(2,30) = 18.378은 p<.01 수준의 임계치 5.39보다 크므로 1% 수준에서 유의한 차가 있다. 즉, 변동간격강화가 학습성취도 향상에 가장 효과적이며 고정비율강화가 가장 비효과적이다.

(3) 상호작용 효과 : F(2,30) = 4.933은 p<.05 수준의 임계치 3.32보다 크므로 5% 수준에서 유의한 차가 있다. 즉, 수업방법과 강화계획 간에는 상호작용효과가 있다.

※ 상호작용효과(interaction effects)란?

[1] 둘 또는 그 이상의 독립변인들이 하나의 종속변인에 영향을 미칠 때 함께 작용한다.

[2] 하나의 독립변인이 종속변인에 영향을 미치거나 작용하는 것이 또 다른 독립변인의 수준에 의존한다.

[3] 두 개의 독립변인은 독립적으로 종속변인에 영향을 미치는 것이 아니라 서로 관련되어 작용(영향)한다.

[4] 종속변인에 대한 독립변인 A의 효과가 독립변인 B의 각 수준에서 동일하지 않다. 즉, 교수법과 강화계획의 예에서 교수법의 효과가 강화계획 3 수준에서 다르게 나타나고 있다.

[5] 종속변인에 대한 하나의 독립변인의 효과가 다른 독립변인의 수준에 따라서 달라지는가?

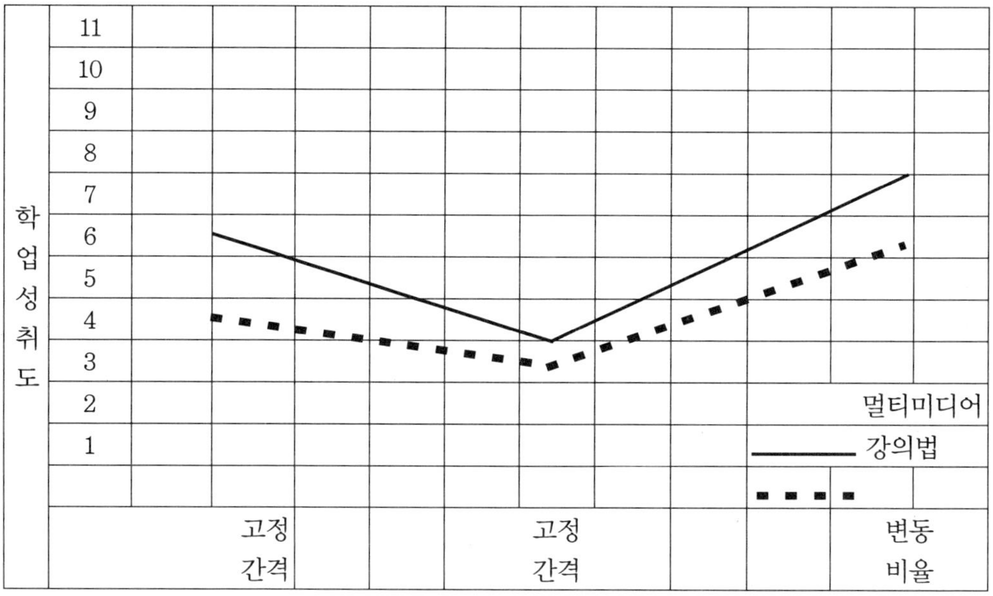

[그림 19] **영어 학습성취도에 미치는 교수법과 강화계획의 상호작용 효과**

나. 내재설계(nested design)

[연구문제 예] 교수법이 학업성취도에 미치는 효과

분석1 : 성별에 따른 학업성취도의 차이

분석2 : 교수법이 학업성취도에 미치는 효과

분석3 : 성별 교수법이 학업성취도에 미치는 효과 (교차설계)

***** 성 : 구획변인이라고 부르며, 이러한 연구설계를 구획설계라고 칭함**

[교수법이 성에 내재되어 있음]

분석4 : 남학생의 경우 교수법에 따라 학업성취도에 미치는 효과

분석5 : 여학생의 경우 교수법에 따라 학업성취도에 미치는 효과(내재설계)

5. 공변량분석(ANCOVA, analysis of covariance)

통계분석 상황 : 어느 교사가 어떤 교수법이 학생들의 학습성취도 향상에 가장 큰 영향을 미치는가를 밝히기 위하여 학력수준이 거의 동일한 세 학급 각각에 A, B, C교수법을 1개 학기 동안 적용한 후 학력을 측정하여 평균치를 구했더니 각각 70.2, 72.5, 76.8이 나와 일원변량분석과 사후검증(Scheffe-test)을 하였다. 그 결과 C교수법이 가장 큰 영향을 미치는 것으로 결론내렸다.

문제점 : 이러한 통계분석 혹은 연구설계는 교수법 외에 학습성취도에 영향을 미치는 변인, 예컨대 학생들의 지능이나 수업분위기와 같은 변인을 통제하지 않은 채 이루어진 것으로서 C교수법을 적용한 집단 학생들의 성적이 높게 나타난 것이 교수법의 영향인지, 아니면 지능이나 학습분위기와 같은 잡음(가외)변인 때문인지 확인이 곤란하다.

1) 실험처치 전에 종속변인 측정에 혼입될 수 있는 개인차 변인 측정(공변인)

2) 회귀분석법을 통해 종속변인 변량 중 공변인에 의해 설명될 수 있는 변량 제거

3) 잔여변량을 다시 처치효과에 의해 설명할 수 있는 변량(X)과 처치효과에 의해 설명할 수 없는 변량(Y)으로 분리하여 처치변인의 효과 검증

4) 공변량분석 : 변량분석과 회귀분석의 통합적 분석 방법

5) 공변량분석의 예

(1) 실험집단과 비교집단(통제집단)의 사전검사 점수의 등질성이 보장되지 않을 때

(2) "심성개발 프로그램이 정서지능 향상에 미치는 영향" 연구 시, 정서지능에 미치는 중요한 변인인 양육태도 변인을 통제, 혹은 양육태도 변인과 분노통제력 변인 통제

6) 분석의 논리

(1) 변인별 변량분석 : 독립변인과 공변인(불요변인, 통제하려는 변인)

(2) 교적합의 계산

- 전체 교적합 : SCPT = $\Sigma\Sigma(X_{ij}-\bar{X}_G)(Y_{ij}-\bar{Y}_G)$ =SCPW+SCPB

$$= \Sigma XY - \frac{(\sum X)(\sum Y)}{N}$$

- 집단내 교적합 : SCPW = $\Sigma\Sigma(X_{ij} - \bar{X}_{.j})(Y_{ij} - \bar{Y}_{.j})$

$$= \Sigma XY - [\frac{(\sum X_1)(\sum Y_1)}{n_1} + \frac{(\sum X_2)(\sum Y_2)}{n_2} + \cdots + \frac{(\sum X_i)(\sum Y_i)}{n_i}]$$

- 집단간 교적합 : SCPB = $\Sigma\Sigma n[(X_{.j} - \bar{X}_G^{\Downarrow})(Y_{.j} - \bar{Y}_G)]$

$$= [\frac{(\sum X_1)(\sum Y_1)}{n_1}] + [\frac{(\sum X_2)(\sum Y_2)}{n_2}] + \cdots + [\frac{(\sum X_i)(\sum Y_i)}{n_i}] - \frac{(\sum X)(\sum Y)}{N}$$

(3) 조정된 자승합의 계산

- 조정된 전체 자승합 : SSTadj = $SST_{(X)} - \frac{(SCPT)^2}{SST_{(Y)}}$

- 조정된 집단내 자승합 : SSWadj = $SSW_{(X)} - \frac{(SCPW)^2}{SSW_{(Y)}}$

- 조정된 집단간 자승합 : SSBadj = $SSB_{(X)} - \frac{(SCPT)^2}{SST_{(Y)}} + \frac{(SCPW)^2}{SSW_{(Y)}}$

(4) 조정된 평균치 계산

- $\bar{X}_{.j}(adj) = bw(\bar{Y}_G - \bar{Y}_{.j}) + \bar{X}_{.j}$

[bw : 집단내 회귀계수 = $\frac{SCPW}{SSW_{(Y)}}$

$\bar{Y}_G - \bar{Y}_{.j}$: 변인 Y의 전체 평균-변인 Y의 j집단 째 평균

$\bar{X}_{.j}$: 변인 X의 j집단 째 평균]

[예제 35]

3가지 교수법이 학업성취도에 미치는 영향을 연구하려고 한다. 연구의 초점은 교수법이 성적에 미치는 순수한 효과를 밝히는 것이다. 여기서 연구자는 성적에 영향을 미칠 것이 분명한 지능 변인을 사전에 통제하지 않은 채 자료를 수집 분석하려고 한다고 가정하자. 그래서 사후에 실험집단에 속한 대상들의 지능을 측정하였다. 결과는 다음과 같다.

〈표 16〉 3가지 교수법과 지능 측정치

강의법		멀티미디어법		소집단토론법	
성적	지능	성적	지능	성적	지능
6	8	5	9	8	10
7	8	8	10	9	10
7	9	8	11	10	14
8	11	9	11	10	14
		10	14	11	15
				12	15
Σ : 28	36	40	55	60	78
평균 : 7	9	8	11	10	13

N = 15

$\Sigma X = 28+40+60 = 128 \quad \bar{X}_G = \Sigma X/N = 128/15 = 8.53$

$\Sigma Y = 36+55+78 = 169 \quad \bar{Y}_G = \Sigma Y/N = 169/15 = 11.27$

$\Sigma XY = [(6\times8)+(7\times8)+(7\times9)+\cdots+(11\times15)+(12\times15) = 1502$

(1) 3집단 성적의 변량분석

SV	SS	df	MS	F	p
SSB(X)	23.7335	2	11.87	5.933	<.05
SSW(X)	26	13	2		
SST(X)	49.7335	14			

⇒ 3집단간 성적의 유의한 차가 있음

(2) 불요 요인(통제할 변인) 지능의 집단별 변량분석

SV	SS	df	MS	F	p
SSB(X)	38.9335	2	19.467	5.272	<.05
SSW(X)	48	13	2		
SST(X)	86.9335	14			

⇒ 3집단간 지능의 유의한 차가 있음

(3) 교적합의 계산

SCPT = 1502−(128)(169)/2 = 1502−1442.1333=59.8667

SCPB = [(28)(36)/4 +(40)(55)/5 + (60)(78)/6]−(128)(169)/15

= 1472−1442.1333 = 29.8667

SCPW = 1502−[(28)(36)/4 + (40)(55)/5 + (60)(78)/6] = 1502−1472 = 30

(4) 조정된 자승합 계산

− SST(X)=49.7335 SSW(X)=26 SSB(X)=23.7335

− SST(Y)=86.9335 SSW(Y)=48 SSB(Y)=38.9335

− SCPT = 59.8665 SCPW = 30 SCPB = 29.8665

− SSTadj = $SST_{(X)}-\dfrac{(SCPT)^2}{SST_{(Y)}}$ = $49.7335-(59.8665)^2/86.9335$

= 49.7335−41.227=8.5065

− SSWadj = $SSW_{(X)}-\dfrac{(SCPW)^2}{SSW_{(Y)}}$ = $26-(30)^2/48$ = 7.25

− SSBadj = $SSB_{(X)}-\dfrac{(SCPT)^2}{SST_{(Y)}}+\dfrac{(SCPW)^2}{SSW_{(Y)}}$

= $23.7335-(59.8665)^2/86.9335+(30)^2/48$

= 23.7335−41.2269+18.75 = 1.2565

또는 SSTadj − SSWadj = 8.5065−7.25 = 1.2565

(5) 조정된 평균치 계산

− $\bar{X}_{.j(adj)} = bw(\bar{Y}_G - \bar{Y}_{.j}) + \bar{X}_{.j}$

− bw : 집단내 회귀계수 = $\frac{SCPW}{SSW_{(Y)}}$ = 30/48 = 0.625

− $\bar{Y}_G - \bar{Y}_{.j}$: 변인 Y의 전체 평균−변인 Y의 j집단 째 평균

− $\bar{X}_{.j}$: 변인 X의 j집단 째 평균

⇒ 제1집단의 평균 : $\bar{X}_{1(adj)}$ = 0.625(11.27−9)+7 = 8.41875

제2집단의 평균 : $\bar{X}_{2(adj)}$ = 0.625(11.27−11)+8 = 8.16875

제3집단의 평균 : $\bar{X}_{3(adj)}$ = 0.625(11.27−13)+10 = 8.91875

(6) 3집단 성적의 평균치 비교

집단별	조정 전 평균치	조정 후 평균치
제1집단	7	8.42
제2집단	8	8.17
제3집단	10	8.92
F		

(7) 공변량분석표의 형식

	변 량 원		
	집단간	집단내	전 체
변인 X	$SSB_{(X)}$	$SSW_{(X)}$	$SST_{(X)}$
변인 Y	$SSB_{(Y)}$	$SSW_{(Y)}$	$SST_{(Y)}$
교적합(SCP)	SCPB	SCPW	SCPT
조정된 자승합	SSB*(adj)*	SSW*(adj)*	SST*(adj)*
자유도(df)	df_1=j−1	df_2=N−j−1	N−2
변량추정치(MS)	MS_B=SSB*(adj)*/df_1	MSw=SSW*(adj)*/df_2	

	변 량 원		
	집단간	집단내	전 체
F = MS_B/MS_W			

(8) 3집단 학업성취도의 공변량분석표

	변 량 원		
	집단간	집단내	전 체
변인 X 변인 Y 교적합(SCP)	23.7335 38.9335 29.8665	26 48 30	49.7335 86.9335 59.8665
조정된 자승합 자유도(df) 변량추정치(MS)	1.2565 2 0.62825	7.25 11 0.659	8.5065 13
F = 0.953 n.s			

7) 공변량분석의 조건

(1) 공변량분석을 실시하기 위해서는 공변인(통제하려는 변인)에 대한 측정이 사전에 이루어져 자료가 수집되어야 함.

(2) 공변인은 동간척도 이상의 연속적 변인이어야 함.

SPSS 이용방법

1. Analyze ⇒ General Linear Model ⇒ Univariate(일변량분석) 선택
 ⇒ Multivariate(다변량분석)
 ⇒ Repeated Measures(반복측정 설계시 분석)
 ⇒ Variance Components(변량성분분석)
2. Univariate의 변인창에서 Dependent Variable(종속변인) 선택 ⇒ 독립변인들을 선택하여 Fixed Factor(s) 창으로 이동시킴
3. Options 클릭 : Display 창의 Descriptive statistics 선택 후 Continue
4. **공변인**이 있는 경우(특정 변인을 통제한 후 분석할 경우), Univariate 화면의 변인창에서 공변인을 선택하여 'Covariate(s) : 칸으로 이동시킴

*** Options의 선택

(1) 각 집단의 평균과 평균치의 95% 신뢰구간을 알고 싶을 때 : Estimated Marginal Means의 Factor(s) and Factor 칸의 변인들을 Display Means for 칸으로 옮김

(2) Display(출력) 창의 필요한 통계치들을 선택

통 계 치	내 용
☐ Descriptive statistics	기술통계치 : 평균치, 표준편차 등 [필수선택]
☐ Estimates of effect size	효과크기 추정치
☐ Observed power	관찰검증력
☐ Parameter estimates	모수 추정치
☐ Contrast coefficient matrix	대비 계수 행렬
☐ Homogeneity tests	동질성 검증
☐ Spread vs. level plot	평균 - 산포 도표
☐ Residual plot	잔차도표
☐ Lack of fit	적합성 결여 검증
☐ General estimable function	일반 추정가능 함수

6. 교차분석(χ^2 검증) : 빈도와 비율의 차의 유의도 검증

사례 1 : 김 교사는 [부록 6]과 같은 질문지를 이용하여 학생과 지역사회인의 교육에 대한 의식을 조사하려고 한다. 수집한 자료를 초등학생, 중학생, 고등학생, 교사, 학부모 등 5개 집단별로 각 문항에 대한 응답의 빈도(f)와 백분율(%)을 구하고, 과연 5개 집단 간 응답율의 차이가 유의한가를 검증하려고 한다.

사례 2 : 대학진학지도를 담당하는 황 교사는 부모의 학력(중졸 이하, 고졸, 대졸 이상)과 직업군(전문직, 영업직, 사무직, 기능직)에 따라서 자녀가 진학하고자 하는 대학의 계열이나 희망 직업군이 다른가를 밝히려고 한다.

사례 3 : 고등학교 입학생을 대상으로 선호하는 교과나 교육프로그램, 교사의 성과 연령, 수업방법 등이 신입생의 성별, 성적수준별(상/중/하 등)에 따라 차이가 있는가를 밝혀 학교교육과정 편성에 반영하려고 한다.

사례 4 : 1학년부터 3학년의 영어과를 담당하는 손 교사는 수업에 대한 만족도(만족, 보

통, 불만 등)가 학년별로 다른가, 차이가 없는가를 밝혀보려고 한다. ■ 이 경우 수업에 대한 만족도를 5점 평정척도로 측정하여 동간척도로 간주하면 일원변량분석을 할 수 있음.

가. χ^2 검증에서 고려해야 할 사항

1] χ^2은 명명척도, 서열척도로 측정되어야/ 양적 자료는 명명척도로 전환하여 분석

2] 기대빈도의 환산은 각각의 검증법에 의해 다름

3] 한 유목 안의 빈도는 cell(칸) 수의 20% 이상이 '5' 이상이어야 한다.

[예] 가로 셀 4개, 세로 셀 5개인 경우 20개의 셀 중 5명 이하의 빈도가 4개 칸 이하여야

4] 자유도 계산은 통계를 적용하는 공식에 따라 달라진다.

5] 자유도에 의한 임계치(cv)를 확인하고, 계산된 χ^2값이 cv보다 큰지 적은지를 통하여 큰 경우 차가 있다고 결론

나. 공식

$$\chi^2 = \sum \frac{(f_o - f_e)^2}{f_e}$$

f_o : 관찰빈도 f_e : 기대빈도 …………… **[공식 71]**

다. df = K − 1, 혹은 (R−1)(C−1)

라. 단일유목간 차이 검증

[예] 고교생의 학급편성방식에 대한 찬반에 차이가 있는가

교사의 근무지역 선호도에 차이가 있는가

대학생들이 선호하는 옷 색상에 차이가 있는가

학생이 선호하는 교사연령에 차이가 있는가

[예제 36] 중학생 600명을 대상으로 좋아하는 교과목을 조사한 결과가 다음과 같

다. 이들이
좋아하는 과목에 차이가 있는가를 검증하라.

국어 : 200　　수학 : 100　　특활 : 300

[검증과정]
(1) 가설 설정
(2) 기대빈도 계산 : 단일유목간 차이검증시 기대빈도의 계산은 전체빈도수를 유목의 수로 나누어 구함.(이 문제의 경우, 기대빈도는 600명이 세 영역(국어, 수학, 특활)에 고루 분포할 것으로(각 200명씩) 기대함.
(3) χ^2 계산

유목수	(1) fo	(2) fe	(3) fo − fc	(4) $(fo-fe)^2$	(5) $(fo-fe)^2/fe$
국 어	200	200	0	0	0
수 학	100	200	100	10000	50.0
특 활	300	200	−100	10000	50.0

$\chi^2 = 0 + 50 + 50 = 100$

(4) 자유도 계산 df = k − 1 = 3 −1 = 2
자유도 2일 때의 임계치 cv는 p = .05인 경우 5.991 p = .01인 경우 9.210
(5) 결론 : 계산된 χ^2 = 100은 9.210보다 크므로 99%수준에 유의한 차이가 있다. 즉, 중학생들은 특활을 가장 좋아하고 수학을 가장 싫어한다.

마. 복합유목간 차이 검증
[예] 고교생의 혼성학급 편성에 대한 찬반 의견의 차이?
학생 성별 간 이상적인 학생상 의견의 차이?
지역별 직장만족도의 차이?

교사연령별 선호하는 교수방법의 차이?

[예제 37] 직장생활을 하는 남녀 60명을 대상으로 가정생활만족도를 조사한 결과가 다음과 같다. 남녀 간에 차이가 있는가를 검증하라.

	열 (C)			
	남	여	행합계(TR)	
만 족	8	12	20	행(R)
보 통	12	5	17	
불 만	10	13	23	
열합계	30	30	60	

[검증과정]

(1) 가설 설정

(2) 각 집단별 기대빈도 계산 : 각 칸의 행과 열 빈도를 곱한 후 전체 사례수로 나누어 계산

(3) χ^2값 계산

	만 족	보 통	불 만
(1) fo	남자 8	12	10
	여자 12	5	13
(2) fe	남자 10	8.5	11.5
	여자 10	8.5	11.5
(3) fo−fe	남자 −2	3.5	−1.5
	여자 2	3.5	1.5
(4) $(fo-fe)^2$	남자 4	12.25	2.25
	여자 4	12.25	2.25
(5) $(fo-fe)^2$ / fe	남자 0.4	1.44	0.20
	여자 0.4	1.44	0.20

χ^2 = 0.4+0.4+1.44+1.44+0.2+0.2 = 4.08

(4) df 계산 : df = (R−1)(C−1) = (2−1)(3−1) = 2

(5) df에 해당하는 임계치를 수표에서 확인

p = .05 일 때 cv = 5.991 p=.01일 때 cv=9.210

(6) 결론 : 계산된 χ^2 값이 5.991에 못 미치므로 영가설 수용 즉, 남녀간 가정생활 만족도에는 유의한 차가 없다

바. 독립성 검증

[1] 의미 : 두 유목변인 간에 관계가 있느냐 없느냐의 검증

[2] 예

교사의 직전학습방법과 선호하는 교수방법 간에 관계가 있는가?

고객의 구매빈도와 백화점까지의 거리 간에 상관이 있는가?

학생의 지능과(IQ) 정서지능(EQ) 간에는 상관이 있는가?

모의 지능과 자녀의 지능 간에는 관계가 있는가?

[예제 38] 모의 지능과 자녀의 지능을 측정한 결과 다음과 같은 결과가 나타났다. 이 두 변 인 간에 관계가 있는가를 검증하라.

자녀 / 모	낮 음	보통	높음	계
낮 음	103	57	22	182(R_1)
보 통	83	43	10	136(R_2)
높 음	11	8	5	24(R_3)
계	197(C_1)	108(C_2)	37(C_3)	342(T)

[검증과정]

(1) 가설 설정

(2) 유목별 기대빈도 계산

"독립성 검증에서의 기대빈도는 (행의 빈도×열의 빈도) / 전체 빈도수" 로 구함

유목1 : 182×197/342=104.84 유목2 : 182×108/342=104.84

유목3 : 182×37/342=19.69 유목4 : 136×197/342=78.34

유목5 : 136×108/342=42.95 유목6 : 136×37/342=14.71

유목7 : 24×197/342=13.82 유목8 : 24×108/342=7.58

유목9 : 24×37/342=2.60

(3) χ^2 값 계산

	자 / 모	낮 음	보 통	높 음
fo	낮 음	103	83	11
	보 통	57	43	8
	높 음	22	10	5
fe	낮 음	104.84	57.47	19.69
	보 통	78.34	42.95	14.71
	높 음	13.82	7.58	2.60
fo−fe	낮 음	−1.84	25.53	−8.69
	보 통	−21.34	0.05	−6.71
	높 음	8.18	2.42	2.40
$(fo-fe)^2$	낮 음	3.39	651.78	75.52
	보 통	455.40	0.00	45.02
	높 음	66.91	5.86	5.76
$(fo-fe)^2/fe$	낮 음	0.03	11.34	3.84
	보 통	5.81	0.00	3.06
	높 음	4.84	0.77	2.22

χ^2 = 10.68 + 12.11 + 9.12 = 31.91

(4) 자유도에 따른 임계치 확인

df = (R−1)(C−1) = (3−1)(3−1) = 4 df = 4일 때 p=.05의 임계치는 9.488, p=.01의 임계치는 13.277

(5) 영가설 수용 여부 확인 : 계산된 χ^2 값은 p=.01의 임계치는 13.277을 넘고 있으므로 영가설 "모와 자녀의 지능 간에는 관계가 없을 것(양자는 서로 독립적일 것)이다." 기각

(6) 결론 : 모의 지능지수와 자의 지능지수는 서로 의존적이다. 즉, 모의 지능과 자녀의 지능은 서로 상관이 있다.

사. 적합도 검증(Goodness of fit test)

[1] 검증의 예

학력고사 점수분포는 정상분포를 이룬다고 할 수 있는가?

성적을 A 25%, B 35%, C 35%, D 5%로 산출하려고 한다. 어떤 고사결과 교사가 평가한 성적은 이러한 분포를 이룬다고 할 수 있는가?

주사위를 던져서 나온 숫자들이 주사위 확률에 얼마나 접근?

아. 상관표집의 집단 내 변화의 유의성 검증 [McNemar test]

[1] 검증의 예

자아성찰프로그램은 비행청소년의 자아개념(긍정/부정) 변화에 영향을 미치는가?

공격적 TV프로그램 시청은 청소년의 공격성향을 높이는가?

[예제 39] 다음은 청소년들의 공격적 TV프로그램 시청이 공격성을 높이는가를 연구하기 위해 3개월 간 매일 2편의 공격적 영화를 시청한 결과이다. 공격성에 변화가 있다고 볼 수 있는가?

	공격성 강함	공격성 약함	계
시청 전	40 [a]	60 [b]	100
시청 후	70 [c]	30 [d]	100

$$\chi^2 = \frac{(b-c)^2}{b+c} \quad or \; \chi^2 = \frac{(|b-c|-1)^2}{b+c} \quad or \; Z = \frac{b-c}{\sqrt{b+c}} \quad \cdots\cdots\cdots \text{[공식 72]}$$

$$\chi^2 = \frac{(60-70)^2}{60+70} = \frac{100}{130} = 0.77$$

결론 : 계산된 χ^2값은 $p<.05$수준에서 df=1일 때 유의하기 위한 3.841에 미치지 못하므로 유의한 변화 없음.

[예제 40] 어느 사범대학생 100명을 대상으로 학생체벌에 대한 태도를 조사했다. 그 중에서 30명은 찬성을 했다. 그 후 일주일에 2시간씩 4주 간 학교 현장의 수업장면에 대한 비디오 시청, 현장 교사들의 수업운영 사례 등을 중심으로 수업운영 과정에서 나타내 보이는 청소년들의 행태에 대한 이해를 위한 교육을 실시했다. 그

런 후 다시 체벌에 대한 태도를 조사한 결과, 이번에는 70명이 찬성했다. 이러한 대학생들의 학생체벌에 대한 태도가 의미 있는 변화인가?

		사후검사		계
		반대	찬성	
사전검사	찬성	A(8)	B(22)	30
	반대	C(22)	D(48)	70
계		30	70	100

A : 사전 '찬성' ⇒ 사후 '반대'　　　B : 사전, 사후 '찬성'

C : 사전 '반대' ⇒ 사후 '반대'　　　D : 사전 '반대' ⇒ 사후 '찬성'

[1] 여기서 검증하려는 것 : 영가설 "A와 D는 같을 것이다", 즉, '찬성'에서 '반대'로의 변화와 '반대'에서 '찬성'으로의 변화 간에는 아무런 차이가 없을 것이다.

[2] 그렇다면 A와 D는 각각 (A+D)의 $\frac{1}{2}$씩 되어야 한다. 이것이 A, D의 이론빈도임. 즉 A의 이론빈도는 (A+D)/2이고, D의 이론빈도도)A+D)/2이다.

[3] 여기서의 검증은 이러한 변화의 유의성이다. A와 D가 관심사이다. 이의 관찰빈도와 이론빈도를 정리하여 χ^2을 계산하면 다음 표와 같다.

〈표 17〉 상관표본의 χ^2 계산 예시

	관찰빈도(O)	(E)	O−E	$(O-E)^2$	$\frac{(O-E)^2}{E}$
'찬성' ⇒ '반대'의 변화 A	8	28	−20	400	14.29
'반대' ⇒ '찬성'의 변화 D	48	28	20	400	14.29
χ^2 = 28.57		df=1		p〈.01	

$$\chi^2 = \frac{(A-D)^2}{A+D} = \frac{(8-48)^2}{(8+48)} = 28.57$$

[4] df=1일 때, 변화가 있다고 주장하기 위한 χ^2값은 p〈.05 수준에서는 3.842, p〈.01 수준에서는 6.635임(χ^2 수표 참조). 계산된 χ^2값 28.57은 p〈.01 수준에서 유의하기 위한 값을 훨씬 넘고 있으므로 영가설(변화가 없을 것이다)을 기각하고 그 대립가설인 "변화가 있을 것이다"를 채택함.

SPSS 이용방법
1. Analyze ⇒ Descriptive Statistics ⇒ Crosstabs
2. Crosstabs의 변인창에서 Y변인들을 Row(s) 창으로 이동시키고, X변인을 Column(s) 창으로 이동시킴
3. Statistics를 클릭하여, Chi-square를 선택
4. Cell을 클릭하여 (1) Counts의 Observed 선택 (2) Percentages의 Column 선택

SPSS를 이용한 분석결과 표의 예[교사의 연령에 따른 교직만족도의 차이검증]

Chi-Square Tests

	Value	df	Asymp. Sig.(2-sided)
Pearson Chi-Square	25.912(a)	12	.001
Likelihood Ratio	24.768	12	.002
N of Valid Cases	285		
a 5 cells (25.0%) have expected count less than 5. The minimum expected count is 2.24			

[해설]

1. Pearson Chi-Square : 이 값의 크기와 자유도(df)를 동시에 고려하여 집단 간 차이가 있는가를 판명하는 기준값임. 카이자승 값들에 의해 이루어지는 분포속선에서의 위치를 나타냄

2. 표의 아래 부분 (a)를 보면, 기대빈도가 5보다 작은 셀이 5개로서 전체(20개 칸)의 25%를 나타내고 있어서 이 분석은 유효하지 않음. 즉, 연령 유목 4개와 만족도 유목 5개로 이루어진 칸 20개 중 기대빈도가 5 미만인 칸이 5개이므로, 연령 유목은 3개로 줄이거나 혹은 만족도 유목을 3개로 줄여(Recode하여) 다시 분석해야 유의한 통계분석이 됨.

2. Likelihood Ratio : 가능성(유의성) 비율로서, "두 변인 간에는 관계가 없다"는 영가설 검증 결과로서, 이 예에서는 이 영가설이 기각되어 두 변인 간에는 관련이 있음을 제시하고 있음.

3. 만약에 위의 조건이 충족되었다면, df(degree of freedom)는 (한 변인의 유목

수-1)X(다른 한 변인의 유목 수-1)로 구함. 이 예에서는 (4-1)X(5-1)=12임.

4. Asymp. Sig.(2-sided) : 양방검증의 경우 카이자승 값이 자유도 12일 때 유의수준을 나타냄. 유의도는 "독립변인(연령)의 유목에 따라서 종속변인(교직만족도)의 분포 차이가 없다"는 영가설을 기각할 때 범할 수 있는 오류로, 이 예에서는 이 오류확률이 .01미만으로 영가설을 기각하고, 교사의 연령별 4 집단에 따른 교직만족도가 차이가 있다고 99.9% 확신할 수 있음을 나타냄.

7. 단순 선형회귀분석(simple linear regression)

회귀분석은 상관계수 분석(X,Y 두 변인은 어느 정도 관계를 지니는가)의 연장선이라고 할 수 있으나, 둘 또는 둘 이상의 변인 간의 관계에 대한 직선의 방정식(회귀방정식)을 이용하여 보다 정확한 예측을 하려는 통계분석법임.

사례 1 : 영어과 담당 손 교사는 선행학습 정도(중학교 성적)가 고등학교 학업성취도에 미치는 영향을 밝혀보기 위해 고교생 200명을 대상으로 중학교 영어 성적 자료를 수집하고 영어과 학력시험을 실시하였다.[물론, 이를 상관계수 분석으로 해결이 가능함]

사례 2 : 양육방식(태도)이 아동의 성격에 미치는 영향을 밝히기 위해 아동 250명을 대상으로 양육방식 척도와 성격 검사지를 실시하여 자료를 수집한 후 통계적 분석을 함.

가. 회귀분석의 주목적

1] 독립변인의 일정한 값에 대응하는 종속변인의 값을 예측하는 회귀방정식을 구하고, 그 방정식의 유의성, 혹은 직선의 기울기의 유의도를 검증

2] 기술적 목적 : 두 변인 이상의 관계를 기술하고 설명

3] 통제의 목적 : 학습시간과 성적과의 관계, 교과선호도와 성적과의 관계를 분석하여 학업성적을 높이기 위한 방안 수립

4] 예측의 목적 : 여러 변인의 측정치로 학업성적의 예측

나. 회귀분석을 위한 기본 가정

1] 선형성 가정 : 독립변인과 종속변인의 관계가 직선적 관계이어야(두 변인이 동간척도 이상의 척도수준이어야) 함.

2] 독립성 가정 : 두 변인 간 오차들이 서로 독립적이어야 함.

3] 동변량성 가정 : 두 변인의 오차들의 변량이 동일해야 함.

4] 정상분포성 가정 : 두 변인의 오차들의 분포가 정상분포를 가정할 수 있어야 함.

5] **인과관계의 가정** : 두 변인이 先後性, 共變性, 불변적 결합(非虛僞的 관계) 등의 조건을 충족시켜야 함.

▶ 因果比較硏究 혹은 실험연구에 적용하는 것이 적합

다. 분석 방법

1] 기본식 : Y' = a + bX ································ [공식 73]

[$b = \frac{\Sigma xy}{\Sigma x^2}$: 회귀계수 ································ [공식 74]

a = My − b(Mx)] ································ [공식 75]

2] 위 식에 의하여 회귀방정식을 구함

3] 회귀방정식의 유의도 검증

변량원(SV)	자승합(SS)	자유도(df)	변량추정치(MS)	F
회귀(SSreg) 오차(SSres) 전체(SST)	$\Sigma(Y'-My)^2$ $\Sigma(Y-Y')^2$ Σy^2	$df_1=K$ $df_2=N-K-1$	$SSreg/df_1$ (MS_1) $SSres/df_2$ (MS_2)	MS_1/MS_2

4] 결정계수(coefficiant of determinants)

ry^2 = SSreg/SST = $\frac{\Sigma(Y'-My)^2}{\Sigma(Y-My)^2}$ ································ [공식 76]

라. 회귀방정식에 의한 예측의 정확도(예측의 신뢰도)

1] "r = 1" 이 아닌 이상 예측은 정확한 것이 아니다. 예측의 신뢰도는?

2] 추정의 표준오차

σ (est Y) = $\sigma\ y\sqrt{1-r^2}$ 또는 $\sqrt{\frac{\Sigma(Y-Y')^2}{n-1}}$ -- X로 Y를 예측 ······ [공식 25]

σ (est X) = $\sigma\ x\sqrt{1-r^2}$ ---- Y로 X를 예측 ································[공식 26]

3] 신뢰도 한계

예측치 ± 신뢰계수 × 추정의 표준오차

68% : 1

95% : 1.96

99% : 2.58

[익힘문제 7]

[부록 6]의 (실험 후) 자료를 가지고, 자아개념으로 성적으로 예측하기 위한 회귀방정식을 유도하고, 자아개념이 50인 학생의 성적을 95% 신뢰수준에서 예측하라.

> **SPSS 이용법**
> 1. 두 문항 간 산포도 확인(Glaphs) ⇒ Scaters ⇒ Define(X, Y축의 변인 지정) ⇒ titles (산포도의 제목 달기)
> 2. Analyze ⇒ Regression ⇒ Linear(종속변인과 독립변인 지정)
> 3. Linear Regression 창에서, Dependent와 Independent(s) 창으로 해당 변인을 옮김
> ⇒ (Method : (독립변인들이 투입되는 방식) 선택
> ⇒ Statistics... : 추정값, 모형적합, R제곱 변화량, 기술통계 등 선택
> ⇒ Options...를 클릭하여 택하고자 하는 분석 결과 선택
> ⇒ OK

마. 분석 결과 예

1] Variables Entered/Removed

Model	Variables Entered	Variables Removed	Method
1	가정생활만족도(a)		Enter
a. All requested variables entered			
b. Dependent Variable : 교직만족도			

2] Model Summary

		R	R Square	Adjusted R Square	Std.Error of the Estimate
Model	1	.573(a)	.328	.317	.52483
a Predictors : (Constant), 가정생활만족도					

(1) 이 회귀분석을 위한 모델은 1개이며, Predictor(예측변인)는 상수(Constant)와 독립변인인 가정생활만족도임.
(2) R(중다상관계수) : 독립변인과 종속변인 간의 적률상관계수임.
(3) R Square : 설명력 또는 결정계수라고 부르며, 독립변인에 의해 설명할 수 있는 종속변인의 변량으로, 가정생활만족도가 교직만족도 변량을 설명하는 양이 32.8%임.
(4) Adjusted R Square : 수정된 R^2 값으로, 자유도를 고려하여 전집의 결정계수를 추정한 값

3] ANOVA(b)

			Sum of Square	df	Mean Square	F	Sig.
Model	1	Regression	20.765	1	20.765	183.761	.000(a)
		Residual	32.386	287	0.113		
		Total	53.151	288			
a. Predictors : (Constant), 가정생활만족도							
b. Dependent Variable : 교직만족도							

(1) 단순선형 회귀분석의 변량분석 결과로서, "전집의 회귀선의 기울기는 0이다"라는 영가설을 검증한 결과임. 결과, 이 회귀선의 기울기는 유의한 것으로 밝혀졌으며, 회귀분석 결과로 나타난 회귀방정식은 유의한(p<.001) 것으로 밝혀짐.
(2) Residual : 잔차, 오차변량

4] Coefficients(a)

			Unstandardized Coefficients		Standardized Coefficients	t	Sig.
			B	Std. Error	Beta		
Model	1	(Constant)	1.435	.401		3.977	.000
		가정생활만족도	.702	.078	.793	5.398	.000
a. Dependent Variable : 교직만족도							

(1) Constant : 상수, 회귀방정식의 A에 해당하는 Y절편으로서 1.435임. 회귀방정식의 "상수의 값은 0이다"라는 영가설을 검증한 결과(t=3.977, p<.001), 영가설이

기각됨.

(2) 가정생활만족도 난의 B : 회귀방정식의 기울기(회귀계수)는 .702로서 기울기의 크기(상관계수와 같은 기능을 지님)가 클수록 종속변인에 미치는 영향이 큼을 의미함. 이것의 부호가 음수인 경우에는 독립변인이 증가할수록 종속변인은 감소하는 관계가 있음을 의미함. "회귀계수의 값이 0이다"라는 영가설 검증 결과, 영가설이 기각되었음을 보여주고 있음.

(3) Beta : 표준화된 회귀계수로서(표준화 회귀계수라고 부름), 독립변인과 종속변인 측정치를 표준점수로 전환한 후의 회귀방정식의 기울기 B임.

(4) 이 분석 결과, 회귀방정식은 Y' = .702X + 1.435/ 즉, 가정생활만족도가 3점인 사람의 교직만족도는 .702X3 + 1.435로 '3.541'로 예측할 수 있음.

> ※ 회귀분석에서 중요한 사항은 B(기울기)의 부호와 크기임.
> 즉, 이 분석에서 기울기의 방향은 양(+)이다. 이는 독립변인이 증가할수록 종속변인도 증가함을 의미한다. 만약에 기울기의 방향이 음(−)이라면, 독립변인의 양이 증가할수록 종속변인의 양은 감소한다. 따라서 독립변인과 종속변인이 관계하는 정도의 크기 또는 독립변인이 종속변인에 미치는 영향의 크기는 '기울기'의 크기와 같다. 이 분석에서는 기울기가 0.702이다. 만약에 기울기가 0.5라면 0.702보다 독립변인의 변화(증감)가 종속변인을 변화시키는 양이 더 작아진다. 예컨대, X=3일 경우, 기울기가 0.702일 때는 Y가 3.541이었다. 기울기가 0.5라면 Y값은 2.935로서 감소한다.

8. 중다회귀분석(Multiple Regression Analysis)

> 고등학교 영어과 담당 손 교사는 영어 학업성취도에 영향을 미치는 학습자 변인들이 무엇인가를 밝혀보고자 한다. 여러 이론과 선행연구들을 리뷰한 후 지능, 선행학습도, 학습에 투입하는 시간, 영어 흥미도, 영어과 교사와의 관계 등이 영향을 미친다는 점을 파악하였다. 이를 기초로 자신이 근무하고 있는 학교 학생들을 대상으로 이들 변인들을 도구를 이용하여 측정하고, 영어 시험을 실시하여 학업성취도자료를 수집하여 통계적 분석을 하려고 한다.

독립변인			종속변인
가정 특성	· 부모의 사회경제적 수준 · 가정환경 · 부모의 양육방식	⇒	학업성취도
개인 특성	· 지능 · 자아개념과 동기 · 학습에 투입하는 시간량		
수업 특성	· 교과 선호도 · 교사 선호도 · 수업만족도		

[그림 20] **학업성취도에 영향을 미치는 변인의 가설적 모형**

가. 분석의 목적

1] 2개 이상의 독립변인들이 각각, 혹은 둘이 함께 종속변인에 미치는 영향력 판단

예 : 행복감지수는 가족수, 수입, 직업, 자녀학업성취도에 의해 예측할 수 있는가?

2] 여러 개의 독립변인들 중에서 어느 것이 가장 큰 영향을 미치며, 어느 정도인가? 그리고 두 번째, 세 번째, . . 는?

예 : 가족수, 수입, 직업, 자녀학업성취도는 행복감지수에 다르게 영향을 줄 것이다

3] 특정 독립변인을 통제한 상태에서의 독립변인의 효과 검증 : 공변량분석(ANCOVA)의 대안

예 : 연령을 통제했을 때 가족수, 수입, 직업, 자녀학업성취도는 행복감지수에 다르게 영향을 줄 것이다

4] 새로운 독립변인을 추가하여 그 효과를 검증

예 : 가족수, 수입, 직업, 자녀학업성취도 외에 인간관계를 추가하면 행복감지수는 어떻게 나타나는가?

5] 독립변인간의 상호작용 효과 검증

예 : 유아의 호기심과 부모의 관심도는 아이 읽기능력에 상호작용 효과가 있을 것이다.

나. 기본 조건

1] 사례수는 최소한 독립변인 수의 20배 이상(너무 많아도 곤란)

2] 극단적인 원점수는 제외시켜야

3] 독립변인들 간의 상관계수가 낮아야 한다.

다. 중다회귀분석의 종류와 해석

연구의 목적	표준회귀분석	위계적회귀분석	단계적회귀분석
SPSS Method	Enter	Enter 변인지정	Stepwise
회귀모형 검증	○	×	×
개별 독립변인 효과 검증	×	가설검증 ○ 탐구적 연구 ×	가설검증 × 탐구적 연구 ○
독립변인의 통제효과	×	○	×
새로운 독립변인의 추가효과	×	○	○
독립변인 간 상호작용 효과	×	가설검증 ○ 탐구적 연구 ×	가설검증 × 탐구적 연구 ○
여러 회귀모델 간 비교	○	이들의 응용인 Setwise방법 사용	
새로운 표집을 통한 회귀모형 예측	○	○	×
변인 간 인과관계 설명	×	두 방법 모두 가능, 해석적 복잡성 때문에 경로분석, LISREL이 권장됨	

라. 회귀방정식의 기본식

$Y' = a+b_1X_1+b_2X_2+b_3X_3+\cdots$

마. 중다회귀분석표의 형태 : 연구목적에 따라 달라짐

〈표 18〉 학생특성과 가정환경이 학업성적에 미치는 영향(표 작성의 예)

독립변인	r	R	R^2	R^2 change	β	F
학생지능	.8986	.8986	.8075	.8075	.22785	
학생노력	.8522	.9267	.8588	.0513	.10820	144.20**
부모관심	.7996	.9274	.8601	.0013	.11729	9.16*
경제수준	.7737	.9275	.8603	.0002	.06556	
* p〈.05 ** p〈.01						

[해석]

(1) r : 단순상관계수

(2) R : 중다상관계수

(3) R^2 : 독립변인이 종속변인 변량을 설명하는 양

(4) R^2 change : 독립변인의 고유한 상대적 기여도[준여과상관 : partial corr.의 제곱]

(5) β (Beta : 표준화된 β 계수) : 각 독립변인의 상대적 크기 비교

※ B : 비표준화된 회귀계수로서 회귀방정식에 사용

(6) F : 각 독립변인의 종속변인 설명력의 기여도 유의성 검증

※ Adjusted R^2 : 표본의 크기가 작을 때 무선오차에 의해 R^2 값이 편향되는 것을 막기 위해 이를 자유도로 교정한 값

※ Tolerance(共差)와 VIF(상승변량) : 중다공선성(독립변인들 간의 상관의 정도) 검증 : 상관도가 높으면 개별 독립변인의 종속변인 설명 변량 해석 곤란, 회귀계수 비교 무의미

(1) tolerance(공차) : 특정변인의 표준오차의 크기(1−독립변인들의 중다상관 제곱) -- 공차가 **"±1"에 접근하면 중다공선성 관계가 극심한** 것으로 판단/ ±.8 ~ 1 **경우 중다공선성의 문제가 있음**(즉, 독립변인들 간 상호 상관의 정도가 높아 독립변인으로서의 가치가 의심됨).

(2) VIF(Variance of inflation factor) = 1/공차 -- **1에 접근하면 중다공선성 문제가 있는** 것으로, ±.80 미만**이면 중다공선성 문제가 없는 것으로 판단**

(3) 중다공선성 관계가 극심할 때는 주어진 독립변인을 사용하여 회귀분석을 할

수 없음. 이 경우에는 상관이 높은 독립변인들을 결합한 새로운 제3의 변인을 생성하여 분석에 사용하거나, 상관이 높은 독립변인 중 한 변인만을 선택하여 회귀방정식에 포함시킴.

[예제 41] 교사의 직무만족 결정 요인에 관한 연구 결과가 다음과 같다. 통계분석표를 해석하라.

〈표 19〉 표준 중다회귀분석 결과 표 작성의 예

변인	직무만족	취업동기	작업환경	임금	스트레스	B	β	R^2change
취업동기	.496					.7257**	.3872	.1313
작업환경	.192	.158				.2205	.1222	.0146
임금	.334	.296	.048			.0013**	.2266	.0467
스트레스	.233	.124	−.011	−.014		.3289*	.1873	.0344
					절편=−.7875			
평균	5.34	3.21	3.31	1670.68	3.08		R^2 = .337	
표준편차	2.09	1.11	1.16	362.43	1.19	교정된	R^2 = .314	
							R = .580**	

* p〈.05 ** p〈.01

[해석]

1. 교사의 직무만족도와 가장 높은 상관을 갖는 변인은 취업동기(r=.496)이며, 임금(.334), 스트레스(.233) 등의 순이고, 작업환경(.192)과는 매우 낮은 상관을 보였다. 그리고 4개 독립변인과 직무만족도와의 중다상관계수는 .58로서 p〈.01수준에의 유의한 상관계수이다.

2. 4개 변인의 직무만족도를 예측하기 위한 회귀방정식은 "직문만족도=.3872×취업동기+.1222×작업환경+.2266×임금+.1873×스트레스+(−.7875)"이다.

3. 4개 독립변인이 직무만족도의 변량의 설명하는 양은 31.4%이다. 독립변인 중 취업동기가 직무만족도 변량의 13.13%를 설명하며, 나머지 3개 독립변인의 직무만족도 변량의 설명량은 5% 미만이다.

바. 변량분석과 회귀분석의 차이점

[1] 변량분석은 집단 간의 차이가 유의한가를 검증하는 반면에, 회귀분석은 집단 간

차이를 야기하는 변인을 찾고, 이들 변인의 영향을 분석할 수 있음.

[2] 두 변인 간의 상호작용을 규명하는 데에도 회귀분석이 변량분석보다 융통적임. 변량분석의 경우, 상호작용효과를 검증할 때 수준 간 사례수가 동일하지 않는 불균형 설계일 경우에는 잘못된 해석과 결론을 내릴 가능성이 있음. 반면에 회귀분석에서는 상호작용을 변인으로 회귀모형에 포함시켜 그 효과를 분석할 수 있음.

[3] 변인이 비선형일 경우, 변량분석은 잘못된 분석이나 결론을 내릴 수 있으나, 회귀분석은 비선형 회귀식이나 다중선형 회귀식으로 나타낼 수 있음.

[4] 독립변인이 질적 변인인 경우 회귀분석은 이를 가변인(dummy variable)으로 처리하여 분석할 수 있음.

SPSS 이용법
1. 두 문항 간 산포도 확인(Glaphs) ⇒ Scaters ⇒ Define(X, Y축의 변인 지정) ⇒ titles (산포도의 제목 달기)
2. Analyze ⇒ Regression ⇒ Linear(종속변인과 독립변인 지정)
3. Stastistics : 추정값, 모형적합, R제곱 변화량, 기술통계 등 선택

가. SPSS분석 결과의 예

지능, 자아개념, 선수학습정도, 주의집중도, 학습동기가 학업성취도에 미치는 영향

[분석결과1]

Variables Entered/Removed(b)

Model	Variables Enterd	Variables Removed	Method
1	지능, 자아개념, 선수학습정도, 주의집중도, 학습동기(a)		Enter
a. All requested variables entered			
b. Dependent Variable : 학업성취도			

[해석]

(1) Variables Entered(a) : 중다회귀분석에 사용된 독립변인들을 의미하며, 회귀분석 방법은 Enter(투입) 방식임

(2) Dependent Variable : 종속변인으로서 학업성취도를 의미함

Model Summary

Model	R	R Square	Adjusted R Square	Std.Error of the Estimate
1	.697(a)	.486	.459	.52936
a. Predictors : (Constant), 자아개념, 학습동기, 주의집중도, 선수학습정도, 지능				

[해석]

(1) 중다선형 회귀분석의 모형에 대한 설명으로서, 이 회귀분석에서는 하나의 모형이 있으며, 예측변인(Predictor)은 상수인 Costant와 독립변인으로 자아개념, 학습동기, 주의집중도, 선수학습정도, 지능 등 5개 이다. 따라서 투입된 5개의 독립변인들로 종속변인인 학업성취도를 예측하는 모형이다.

(2) R : 예측변인인 독립변인과 종속변인인 학업성취도 간의 중다상관계수로서 .697은 비교적 높은 상관관계가 있음을 보여준다.

(3) R Square : R^2은 설명력 또는 결정계수라고 한다. 이는 중다상관계수의 제곱으로서 독립변인들에 의해 설명되는 종속변인 비율이다. 즉, 종속변인인 학업성취도의 변량 중 48.6%가 이 연구에서 설정한 5개 독립변인들에 의해 설명된다. 이 R^2이 1에 가까울수록 독립변인들이 종속변인 변량의 설명량은 커진다.

(4) Adjusted R Square : 수정된 R^2 값으로서 자유도를 고려하여 전집의 결정계수를 추정한 것임.

ANOVA(b)

Model		Sum of Square	df	Mean Square	F	Sig.
1	Regression	35.355	7	5.050	14.146	.000(a)
	Residual	36.802	103	0.357		
	Total	72.157	110			
a Predictors : (Constant), 자아개념, 학습동기, 주의집중도, 선수학습정도, 지능						
b Dependent Variable : 학업성취도						

[해석]

(1) 중다선형 회귀분석 모형에 대한 변량분석 결과로서, 변량분석의 영가설은 "전집의 회귀선의 기울기(회귀계수)는 0이다"라는 것으로서, 이 영가설 검증 결과를 보

여줌.

(2) 영가설 검증은 회귀선에 포함된 변량(Regression)과 오차 혹은 잔차(Residual) 변량의 크기의 비율을 비교하여 회귀선에 포함된 변량이 크다면 분석을 통하여 구한 회귀선이 의미 있다고 판단함.

(3) F : 회귀선의 변량추정치는 5.050로서, 오차 변량 추정치 0.357보다 14배 더 크다. 이는 영가설을 부정하는 것으로서, 유의수준 p〈.01의 기준을 충족시키고 있음. 즉, 독립변인들이 투입된 회귀선의 기울기(회귀계수)가 0이라는 영가설을 기각할 때 범할 수 있는 오류의 비는 .01보다 적다. 따라서 분석을 통하여 구한 회귀선의 모형이 적합하다고 할 수 있다.

Coefficients(a)

			Unstandardized Coefficients		Standard Coefficients	t	Sig.
			B	Std. Error	Beta		
Model	1	(Constant)	1.462	.462		3.164	.000
		자아개념	.325	.091	.163	3.571	.000
		학습동기	.231	.072	.093	3.208	.000
		선수학습정도	.193	.094	.652	4.825	.000
		주의집중도	.062	.207	.097	0.300	.842
		지능	.012	.372	.041	0.032	.991
a. Dependent Variable : 학업성취도							

[해석]

(1) 학업성취도를 종속변인으로 하여 분석한 중다회귀분석 결과로서, 분석모형은 1개이며 5개 독립변들의 회귀계수(기울기)와 상수의 기울기(회귀계수)가 'B'에 제시되어 있음. 따라서 회귀방정식은 학업성취도=자아개념×.325+학습동기×.231+선수학습정도×.193+1.462 임. 독립변인으로서 주의집중도와 지능의 기울기(회귀계수)는 유의하지 않은 것으로 나타났음.

(2) Beta : 표준점수 Z로 표시할 때, 즉 표준화 회귀계수로서 X들과 Y값을 Z점수로 환산하여 계산한 것임. 따라서 표준화 회귀계수 Beta는 독립변인들의 측정단위가 다를 경우(예 : 신장은 cm로, 체중은 kg으로 측정) 혹은 평균치들의 크기가 전혀

다를 경우(지능과 자아개념, 10점 만점의 수업집중도 등)에 사용한다.

(3) t/ Sig : 상수(Constant)와 각 독립변인의 기울기(회귀계수)에 대한 유의도 검증임.

나. SPSS에서 중다선형 회귀분석의 Options...

[1] 회귀분석 모형을 선택하는 데 사용되는 변인들의 투입 방법임.

Enter	투입	의미
Stepwise	단계적 투입	독립변인의 유의도에 따라서 모형이 최적화되도록 단계별로 투입. 허용도를 자동적으로 산출함
Remove	제거	지정한 변인들을 동시에 투입한 후(Enter 실행 후), 회귀모형에 적합하지 않은 독립변인들을 탈락시켜 가는 방식
Backward	후진제거	등록된 변인의 제거 기준에 따라서 한 변인씩 뒤에서부터 제거해 감
Forward	전진제거	등록된 변인의 제거 기준에 따라서 한 변인씩 앞에서부터 제거해 감

다. SPSS에서 중다선형 회귀분석 통계치의 선택

Linear Regression을 클릭 ⇒ Statistics... 클릭 ⇒ 1. Regression Coefficients (회귀계수)

2. Residuals(잔차 혹은 오차) 난이 나타남.

Regression Coefficients	Estimates	회귀계수의 추정치로서 기본적으로 설정되어 있음
	Confidence intervals	각 비표준 회귀계수에 대한 95% 신뢰구간 표시
	Covariance Matrix	비표준 회귀계수에 대한 공변량 행렬
Residuals	Durbin-Watson	더빈-왓슨 통계치로서, 잔차(오차)의 크기가 적합한지를 밝혀줌. 기준값(적합성 판단)은 정상분포곡선을 의미하는 '2'로서 DW값이 0 또는 4에 가깝게 되면 잔차들 간 상관관계가 존재함으로써 회귀모형이 부적합함을 나타냄. 따라서 **DW값이 2에 가까울 때 회귀모형은 적합하다**는 것을 의미함.
	Casewise Diagnostics	분석에 사용된 사례들의 오차값이 정상분포를 이루는가를 진단하는 것으로서, 이 값이 적을수록 회귀모형이 적합함을 의미함.
	Model fit	중다상관계수 R, 결정계수 R^2, 수정된 R^2, 표준추정오

		차, 자유도, 자승합(Sum of Square), F값 등을 알려주며 기본으로 설정되어 있음
	R squared change	해당 독립변인의 결정계수 변화량(윗 독립변인의 결정계수에 얼마나 더 증가되는가를 지시함)
	Descriptives	평균치, 표준편차, 상관계수의 행렬 등을 제시해 줌
	Part & partial Correlations	부분상관계수를 나타내 줌
	Collinearity diagnostics	다중공선성 진단 : 투입되는 독립변인의 수가 증가하면 설명력이 커지기 마련이며, t치로 판단하는 각 독립변인에 대한 전집치추정치가 0으로 나타나게 됨. 이 경우 다중공선성(multicollinearity)의 문제가 발생할 수 있음. **- 전집치 추정치에 대한 허용도(Tolerance)가 0.1 이하면, 다중공선성 문제가 있음.** 이 경우에는, 허용도가 0.1 이하의 변인을 제거한 후 다시 분석하거나, 회귀분석 방법(Method)에서 Stepwise를 적용함.

라. SPSS 중다회귀분석의 단계적 투입 방법

여러 독립변인들 중에서 가장 적합한 모형이 무엇인지를 찾는 데 유용하며, 탐색적 연구나 기초조사 연구에 주로 활용

Variables Entered/Removed(a)

		Variables Entered	Variables Removed	Method
Model	1	자아개념	.	Stepwise(Criteria: Probability-of F-to-enter <=.050 Probability-of F-to-remove >=.100.
	2	학습동기	.	Stepwise(Criteria: Probability-of F-to-enter <=.050 Probability-of F-to-remove >=.100.
a. Dependent Variable : 학업성취도				

[해석]

(1) 중다회귀분석에서 독립변인들을 Stepwise(단계적 투입) 방식으로 다단계 투입의 조건과 각 투입 모형에 대한 설명임.

(2) 첫 번째 모형은 학업성취도를 가장 설명해 주는 최적화된 하나의 독립변인은 자아개념으로서, 이 조건은 F값에 의한 유의수준이 p<=.05이면, 투입되고, p>=.10 이면 제외시킨다는 것을 알려주고 있음.

Model Summary

		R	R Square	Adjusted R Square	Std.Error ot the Estimate
Model	1	.583(a)	.340	.323	.65027
	2	.604(b)	.365	.346	.58390
a. Predictors : (Constant), 자아개념					
b. Predictors : (Constant), 자아개념, 학습동기					

[해석]

(1) Stepwise 방식으로 독립변인들을 다단계 투입할 경우 각 모형에 투입된 독립변인이 무엇인지 알려 주고 있으며, 각 모형별로 중다상관계수와 독립변인이 종속변인 변량의 설명력을 보여주고 있음.

(2) a. Predictors : (Constant), 자아개념 : 독립변인으로 자아개념 하나만을 투입할 경우의 상관계수는 .583이며, 그 자승(설명량)은 .340 즉 34%이고, 수정한 R자승은 .323이다.

(3) b. Predictors : (Constant), 자아개념, 학습동기 : 자아개념에 학습동기라는 독립변인이 추가될 경우, 중다상관계수는 .604로 증가되며, Rwktmddms .365로서 자아개념과 학습동기 두 변인이 학업성취도(종속변인) 변량의 36.5%를 설명하고 있음.

ANOVA(c)

			Sum of Square	df	Mean Square	F	Sig.
Model	1	Regression	35.355	7	5.050	14.146	.000(a)
		Residual	36.802	103	0.357		
		Total	72.157	110			
	2	Regression	38.386	2	19.193	51.733	
		Residual	40.110	108	0.371		.000(b)
		Total	78.496	110			

a. Predictors : (Constant), 자아개념
b. Predictors : (Constant), 자아개념, 학습동기
c. Dependent Variable : 학업성취도

[해석]

F검증 결과 2개의 회귀모형 모두 통계적으로 유의함을 나타내고 있음.

Coeffoicients(a)

			Unstandardized Coefficients		Standardized Coefficients	t	Sig.
			B	Std. Error	Beta		
Model	1	(Constant)	2.007	.184		10.907	.000
		자아개념	.638	.035	.596	18.229	.000
	2	(Constant)	.993	.184		5.396	.000
		자아개념	.578	.082	.401	7.048	.000
		학습동기	.394	.079	.289	4.987	.000
a. Dependent Variable : 학업성취도							

[해석]

(1) Stepwise 방식으로 독립변인들을 단계적으로 투입했을 때 각 회귀분석 모형의 회귀계수의 적합성에 대한 t검증 결과를 보여줌.

(2) 2개의 회귀분석 모형 모두 회귀계수(기울기)가 유의함을 알 수 있음.

(3) 회귀방정식은 "학업성취도=자아개념×.578+학습동기×.394+.993"으로 나타낼 수 있음.

Excluded Variables(c)

			Beta In	t	Sig.	Partial Correlation	Collinearity Statistics
							Tolerance
Model	1	지능	.362(a)	2.566	.009	.299	.438
		수업집중도	.283(a)	1.354	.194	.204	.561
		선수학습정도	.300(a)	2.142	.024	.216	.620
	2	지능	.287(b)	1.817	.188	.197	.518

		수업집중도	.820(b)	.904	.098	.095	.601
a. Predictors : (Constant), 자아개념							
b. Predictors : (Constant), 자아개념, 학습동기							
c. Dependent Variable : 학업성취도							

[해석]

(1) 중다회귀분석에서 제외된 변인을 알려주고 있음.

(2) 다중공선성 분석의 허용도(Tolerance)가 0.1 이하인 경우, 문제가 있다고 판단할 수 있음.

**** 로지스틱 회귀분석 : 종속변인이 범주형 자료(합격/불합격, 성공/실패, 우수/열등, 찬성/반대)일 경우

9. 다변량분석(Multivariate Analysis of Variance, MANOVA)

- 부모의 학력수준(중졸 이하, 고졸, 대졸 이상)과 학교관심도(높음, 보통, 낮음)에 따라서 자녀의 학업성적과 학교생활만족도에 차이가 있는가? [일원다변량분석]
- 교사의 수업형태(교사중심, 학생중심, 교사-학생 상호작용)에 따라서 학생의 성적과 수업집중도는 차이가 있는가? [일원다변량분석]
- 학습동기(내적, 외적)와 자기규제학습전략(인지적 전략, 학습규제 전략)에 따라서 방과 후 학습시간과 성적에 차이가 있는가? [이원다변량분석]
- 사회성 수준(상, 하)이 다른 중학생 10명을 대상으로 개별상담, 집단상담, 또래상담을 실시할 경우 상담효과는 차이가 있는가? [일원다변량분석]-반복측정 설계

가. 다변량분석의 개요

1] 다변량분석이란?

[1] 2개 이상의 종속변인들이 복잡한 관계성을 지닐 것으로 판단될 때 종속변인들의 효과를 동시에 고려하는 분석

[2] 2개 이상의 종속변인들의 평균치(평균벡터 : 상호 상관되어 생성해 내는 평균

치)의 차이 검증

[3] 독립변인에 따른 종속변인들의 종합된 값(평균치)의 차이 검증

[4] H_o : 부모의 학력수준(중졸 이하, 고졸, 대졸 이상)에 따라 자녀의 학업성적과 학교생활만족도는 차이가 없다 {세 수준내의 자녀의 학업성적과 학교생활만족도의 평균벡터값들이 세 집단 간에 차이가 없다.}

2] 다변량분석의 목적

[1] 2개 이상의 독립변인에 대한 2개 이상의 종속변인들의 평균벡터 차이를 규명할 때

[예] 교사선호도(높음/ 보통/ 낮음)와 교과선호도(높음/ 보통/ 낮음)에 따라 학습동기와 성적은 유의한 차가 있는가?

[2] 종속변인들 사이의 상호 관계를 고려하면서, 동시에 평균치의 차이를 규명할 때

❑ 독립변인들의 상호작용효과 검증 : 이러한 집단비교를 통하여 변인들 간의 관계를 파악하고자 할 때

예 : 고교생의 입학 전 성적과 가정의 사회경제적 지위에 따라 국어, 영어, 수학 성적에 상호작용효과가 있는가?

❑ 종속변인 간의 상대적 중요도를 결정하고자 할 때

예1 : 고교생 1학년의 성별에 따라 영어 문법, 작문, 독해능력에서 차이가 있다면, 구체적으로 어느 영역에서 차이가 있는가?

예2 : 사교육 형태(학원과외, 개인교습, 집단교습)와 가정환경(상, 중, 하)에 따라 학생의 언어영역, 수리영역, 사회탐구영역의 조합된 점수에서 상호작용효과가 있다면, 어느 영역에서 유의한 상호작용효과가 있는가?

❑ 집단 간 차이가 가장 큰 변인을 밝히고자 할 때

예 : 부모의 양육방식(민주형, 방임형, 통제형)에 따라 아동의 사회성과 자아개념에 유의한 차가 있는가, 있다면 어떤 양육방식에서 가장 두드러진 차이가 있는가?

❑ 중요한 요소들을 구분해 내는 측정세트를 규명하고자 할 때

예 : 잠정적으로 개발한 학습양식 척도는 구인타당도를 지니는가?

3] 다변량분석의 조건

[1] 독립변인 : 비연속형 유목변인(양적 변인인 경우, 유목변인으로 전환)

[2] 종속변인 : 연속변인(양적 자료)

판별분석 : 독립변인이 연속변인, 종속변인이 비연속 유목변인/ 종속변인 간 차이로 집단을 구분해 낼 수 있는가?

[3] **다변량 정상성 가정** : 종속변인의 분포는 정상분포를 가정할 수 있어야 함.

❏ 줄기-잎 도표(stem-and-leaf) 확인

❏ 정상분포곡선 확인

❏ 탈경향정상곡선(detrended normal plot) 확인 : '0'을 중심으로 한 잔차 도표로서, 선형적 경향보다는 편차들의 분포가 중심에서 이탈한 정도를 파악(도표에서 '0'을 중심으로 수평적인 형태를 나타내면 분포가 정상분포임을 가정할 수 있음)

※ 산포도(scatter plot), 잔차 도표(residual plot) 등을 통하여 종속변인들 간 선형조합을 먼저 확인해야 함.

[4] 변량-공변량 행렬의 동질성 가정 : 모든 독립변인들의 수준에서 종속변인들의 모집단 간에 변량-공변량 행렬이 동등하다는 가정을 충족해야 함.

❏ 단변량 동질성 검증 : Cochran의 C 검증

❏ 변량-공변량 행렬의 동질성 검증 : **Box's M 검증**

[5] 대상자 표집에서의 독립성 가정

[6] 다중공선성(multicillieearity) 적정 기준 : 종속변인 간의 상관이 높은 것으로서, 한 종속변인이 다른 종속변인과 중첩된 부분이 많음.

❏ 변인을 하나로 통합(묶어줌)하거나,

❏ 해당 변인 하나를 분석에서 제외시키거나,

❏ 공변량분석을 함.

※ 종속변인들 간 상관이 전혀 없는 경우, 다변량분석을 할 수 없음. Bartlett의 구형성 검증인 항등행렬(identity) 검증, 혹은 Mauchly의 구형성 검증을 통하여 다변량분석의 적합성 여부 결정

--- **집단내 상관행렬식에서, 영가설 "행렬식의 대각선 요소가 1이고, 나머지 요소는 0이다."**

[7] 독립변인의 각 수준 사례수 : 종속변인의 수보다 많아야 함.
[8] 중다공변량분석(MANCOVA)의 경우, 회귀의 동질성 가정 : 한 집단내에서 공변인과 종속변인의 관계는 다른 집단에서도 같아야 함.
[9] 극단적인 측정치를 지닌 사례 : 분석에서 제외하는 것이 타당함.

나. 다변량분석 유형별 절차

1] 일원다변량분석(독립집단설계)

[연구문제의 예] 부모의 양육방식(민주형, 방임형, 통제형)에 따라 아동의 사회성과 자아개념에 유의한 차가 있는가, 있다면 어떤 양육방식에서 가장 두드러진 차이가 있는가?

[1] 기본가정의 점검
가] 사례수 : 가장 적은 셀의 사례수는 최소한 종속변인의 수보다 많아야 함.
나] 다변량 정상성 : 종속변인 측정치들이 정상분포에 근접하는가를 확인하기 위해 히스토그램을 점검함.
다] 변량-공변량 행렬의 동질성 검증 : Box's M

<표 20> 공변량행렬에 대한 Box의 동질성 검증(a)

Box의 M	9.635
F	1.603
df_1	6
df_2	219247.365
유의도	.174
여러 집단에서 종속변인의 관찰 공변량행렬이 동일한 영가설을 검증	
a 계획 : Intercept+양육방식	

※ "H_O **: 변량-공변량 행렬은 동질적이 아니다" 라는 영가설이 부정됨.**

라] 종속변인의 쌍이 선형적 관계를 지닌다(선형성) 라는 가정을 충족시키는지 확인 : 모든 종속변인의 쌍을 만들어 산포도 점검

마. 종속변인들의 상관성 : Bartlett의 구형성 검증(H_O : 집단내 상관행렬식에 기초하여 행렬식의 대각선 요소가 1이며, 나머지 요소는 0이다)

〈표 21〉 Bartlett의 구형성 검증 결과(a)

우도비(likelihood ratio)	.000
근사 카이자승	248.749
자유도	2
유의도	.000
잔차 공변량 행렬이 단위행렬에 비례하는 영가설 검증	
a 계획 : Intercept+양육방식	

※우도(likelihood) : 특정한 실제 자료를 전제로 특정한 이론적 전집치가 참일 확률. 우도비는 기대 혹은 이론적 모형이 관찰된 자료에 대한 비

〈표 21〉에 의하면, 종속변인들이 독립적이라는 영가설이 기각됨. 따라서 종속변인들 간의 상관이 통계적으로 유의하여 다변량분석이 가능한 자료임이 증명되었음.

[2] 기술통계치 계산

〈표 22〉 양육방식에 따른 사회성과 자아개념의 기술통계치

종속변인	양육방식	N	M	SD
사회성	민주형	48	54.425	6.078
	방임형	31	49.123	5.982
	통제형	36	50.084	5.389
	계	115	52.163	7.207
자아개념	민주형	48	18.37	4.28
	방임형	31	13.83	4.95
	통제형	36	12.87	4.27
	계	115	15.26	5.26

[3] 다변량 검증

〈표 23〉 부모 양육방식에 따른 자녀의 사회성과 자아개념의 차이 검증 결과(c)

효과		값	F	가설 자유도	오차 자유도	유의도
Intercept	Pillai's Trace	.984	5543.727(a)	2.000	97.000	.000
	Wilks's Lamda	.006	5543.727(a)	2.000	97.000	.000
	Hotelling's Trace	111.487	5543.727(a)	2.000	97.000	.000
	Roy's LCR	111.487	5543.727(a)	2.000	97.000	.000
양육방식	Pillai's Trace	.783	29.674	4.000	198.000	.000
	Wilks's Lamda	.275	35.286(a)	4.000	196.000	.000
	Hotelling's Trace	2.784	51.385	4.000	194.000	.000
	Roy's LCR(최대근)	2.681	131.285(b)	2.000	98.000	.000
a 정확한 통계치						
b 해당 유의수준에서 하한계치를 발생하는 통계치는 F값에서 상한계 값임.						
c 계획 : Intercept+양육방식						

위 〈표 23〉에 의하면, Hotelling's Trace, Roy's 최대근의 F치가 클수록, Pillai's Trace, Wilks's의 Lamda값이 작을수록 집단 간 평균치의 차를 나타내는 F통계치는 커진다. 따라서, 유의도가 p〈.001로서 부모의 양육방식에 따라서 사회성과 자아개념은 유의한 차이가 있는 것으로 나타났다. 즉, 민주형 양육방식이 방임형이나 전제형 양육방식에 비해 사회성과 자아개념이 더 긍정적이다.

[4] 종속변인들에 대한 차이 검증

〈표 24〉는 부모의 양육방식에 따른 사회성과 자아개념 각각에 대한 차이검증 결과이다. 수정모형에서 사회성과 자아개념은 p〈.001 수준에서 유의한 차이가 있음이 밝혀졌다. 즉, 부모의 양육방식에 따라서 자녀의 사회성과 자아개념 평균치는 차이가 있으며, 민주형 양육방식이 방임형이나 전제형 양육방식에 비해 사회성과 자아개념이 더 긍정적이다.

〈표 24〉 종속변인별 효과 검증

자원	종속변인	제Ⅲ유형 자승합	자유도	평균자승	F	유의도
수정모형	사회성	3562.873(a)	2	1781.4365	66.529	.000
	자아개념	30.912(b)	2	15.456	48.757	.000
Intercept	사회성	23101.247	1	23101.247	862.727	.000
	자아개념	2015.275	1	2015.275	6357.334	.000
양육방식	사회성	3562.873	2	1781.4365	66.529	.000
	자아개념	30.912	2	15.456	48.757	.000
오 차	사회성	2597.388	97	26.777		
	자아개념	30.749	97	0.317		
전 체	사회성	29261.508	100			
	자아개념	2076.936	100			
수정 전체	사회성	6160.261	99			
	자아개념	61.661	99			
a R^2=.624(수정된 R^2=.605)						
b R^2=.527(수정된 R^2=.502)						

[5] 추정된 주변 평균

다음 〈표 25〉는 두 종속변인에 대한 독립변인의 추정된 주변평균치, 표준오차, 평균치의 95% 신뢰구간을 구한 것이다.

〈표 25〉 종속변인에 대한 독립변인의 추정된 주변평균(양육방식)

종속변인	양육방식	평균치	표준오차	95% 신뢰구간	
				하한값	상한값
사회성	민주형	54.425	.775	52.906	55.944
	방임형	49.123	.876	47.406	50.84
	통제형	50.084	.835	48.447	51.721
자아개념	민주형	18.37	.103	18.168	18.572
	방임형	13.83	.102	13.63	14.03
	통제형	12.87	.101	12.672	12.971

[6] 사후검증

다음 〈표 26〉은 부모의 양육방식에 따라 자녀의 사회성과 자아개념에서 차이가 나타난 결과를 기초로, 양육방식의 어느 집단 간 평균치의 차가 유의한가를 사후검증

(post hoc test)한 결과이다. 세 가지 양육방식 간 평균치의 차이를 검증하기 위해 Sheffe test를 한 결과, 사회성과 자아개념 모두 양육방식의 민주형과 방임형 간, 민주형과 통제형 간에 유의한 차이가(p〈.01) 있음이 밝혀졌다. 그러나 사회성과 자아개념 둘 다 방임형과 통제형 양육방식 간에는 유의한 차가 없는 것으로 나타났다. 이와 같이 부모의 양육방식에 따라서 사회성과 자아개념에 차이가 나타난 이유는 방임형이나 통제형에 비해 민주적인 양육방식이 자녀의 사회성과 자아개념에 보다 긍정적인 영향을 미친다는 점을 시사해 준다.

〈표 26〉 부모의 양육방식에 따른 자녀의 사회성과 자아개념 사후검증 : 다중비교

종속변인		양육방식(1)	양육방식(2)	평균치 차 (1)-(2)	표준오차	유의도
사회성	Scheffe	민주형	방임형	5.302(*)	1.2603	.000
			통제형	4.341(*)	1.0763	.000
		방임형	민주형	5.302(*)	1.1206	.000
			통제형	-0.961	1.0064	n.s
		통제형	민주형	4.341(*)	1.2548	.000
			방임형	-0.961	1.0984	n.s
자아개념		민주형	방임형	4.54(*)	.1526	.000
			통제형	5.50(*)	.1472	.000
		방임형	민주형	4.54(*)	.1500	.000
			통제형	0.96	.1427	n.s
		통제형	민주형	5.50(*)	.1429	.000
			방임형	0.96	.1406	n.s
관찰된 평균치에 기초함.						
* .05 수준에서 평균치의 차는 유의함.						

[7] 다변인 변량분석 결과

이상의 자료분석 결과를 기초로 부모의 양육태도에 따른 자녀의 사회성과 자아개념의 차이가 유의한가를 밝히기 위한 다변량 분석 결과를 제시하면 〈표 27〉과 같다.

〈표 27〉 다변량 분석 결과표

변량원	종속변인	Wilks's Lamda	자승합	자유도	평균자승 (변량추정치)	F
부모의 양육방식	사회성	.254***	3562.87	2	1781.435	66.529**
	자아개념		30.91	2	15.455	48.754**
오 차	사회성		2597.388	97	26.777	
	자아개념		30.749	97	0.317	
전 체	사회성		6160.258	99		
	자아개념		61.659	99		

** p〈.01 *** p〈.001

〈표 27〉에 나타난 바와 같이, 다변량 통계치인 Wilks's Lamda가 .254로서 p〈.001 수준에서 유의한 것으로 나타나 부모의 양육방식에 따라서 자녀의 사회성과 자아개념의 평균벡터(두 변인의 상호통합된 평균치)에서 유의한 차이가 있음이 밝혀졌다. 또한 단변인 F값은 사회성이 66.529, 자아개념이 48.754로서 두 변인 모두 부모의 양육방식에 따라 p〈.01 수준에서 유의한 차가 있는 것으로 나타났다.

SPSS 이용법

1. Analyze ⇒ General Linear Model ⇒ Multivariate 클릭
2. 종속변인(D) 창으로 사회성과 자아개념 이동시키고, 기준요인(F)난으로 양육방식을 이동시킴
3. 모형(M)을 클릭한 후 완전요인모형 선택(완전요인모형 : 모든 요인의 주효과, 공변인 효과, 요인간 상호작용을 구할 수 있음)
4. 도표를 클릭하여 산포도를 선택
5. 사후분석을 클릭 ⇒ 사후분석 통계방법으로서 Scheffe, Turkey, Duncan 중 필요로하는 것을 선택 ⇒ 계속
6. Option 클릭(기술통계치, 변량의 동질성 검증, 산포도표 등) ⇒ 독립변인인 양육방식을 평균출력기준(M) 창으로 이동시킴 ⇒ 출력 난의 필요한 기술통계치 선택 ⇒ 계속

2] 이원다변량분석 : 독립집단설계

●독립변인이 2개 이상일 경우, 종속변인들에 대한 독립변인들의 상호작용효과가 나타남.
●상호작용효과 : 종속변인에 대한 하나의 독립변인 효과가 다른 독립변인의 수준에 따라 달라지는 것
●상호작용효과는 각 독립변인들의 주효과와 독립적인 효과임. 따라서 상호작용효과의 존재여부와 독립변인들 각각의 주효과의 존재여부와는 무관함.

[1] 연구주제 및 연구문제의 예

● 학습자의 학습양식과 학습동기화 형태가 학업성취도와 학습파지도에 미치는 영향

[연구문제]

1.1 학습양식에 따라 학업성취도와 학습파지도의 평균벡터는 차이가 있는가?

1.2 학습동기화 형태에 따라 학업성취도와 학습파지도의 평균벡터는 차이가 있는가?

1.3 학습양식과 학습동기화 형태가 학업성취도 및 학습파지도에 미치는 상호작용효과가 있는가?

● 학습자의 다중지능, 교과흥미도, 교과학습전략과 학업성취도 및 수업평가와의 관계

[연구문제]

1.1 교과관련 다중지능에 따라 교과 학업성취도 및 수업평가는 차이가 있는가?

1.2 교과흥미도에 따라 교과 학업성취도 및 수업평가는 차이가 있는가?

1.3 교과학습전략에 따라 교과 학업성취도 및 수업평가는 차이가 있는가?

1.4 다중지능, 교과흥미도, 교과학습전략이 학업성취도 및 수업평가에 미치는 상호작용효과가 있는가?

[2] 기본가정의 점검

2.1 사례수 : 사례수는 종속변인의 수보다 많아야 함.

2.2 변량-공변량 행렬의 동질성 : Box's M값에 대한 유의도 검증 결과 p〉.05이면 가정 충족

2.3 종속변인 간의 상관성 : Bartlett의 구형성 검증 결과 근사카이자승값이 p〈.05 수준에서 유의한 경우, "종속변인들이 독립적이다"라는 영가설을 기각하고, 종속변인들 간 유의한 상관이 있다고 판단하며, 분석 자료는 다변량 분석이 적합하게 됨.

2.4 기술통계치 계산

2.5 다변량 검증(다변량 통계치 계산) : 독립변인들의 종속변인에 대한 주효과, 상호작용효과 검증

● 독립변인의 주효과 검증 : Lamda 값이 유의한 경우, 각 독립변인에 따라 종속변인들의 차가 유의함.

● 독립변인들이 종속변인에 미치는 상호작용효과 : Lamda 값이 유의한 경우, 상호작용효과가 있다고 판단

〈표 28〉 다변량 검증(d)

효과		값	F	가설자 유도	오차자 유도	유의도	비중심 모수	관찰 검증력(a)
Intercept	Pillai's Trace							
	Wilk's Lamda							
	Hottelling's Trace							
	Roy's 최대근							
수업방식	Pillai's Trace							
	Wilk's Lamda							
	Hottelling's Trace							
	Roy's 최대근							
학습동기화 형태	Pillai's Trace							
	Wilk's							

효과		값	F	가설자 유도	오차자 유도	유의도	비중심 모수	관찰 검증력(a)
	Lamda							
	Hottelling's Trace							
	Roy's 최대근							
수업방식× 학습동기 형태	Pillai's Trace							
	Wilk's Lamda							
	Hottelling's Trace							
	Roy's 최대근							
a 유의수준 = .05를 사용함								
b 정확한 통계치								
c 해당 유의수준에서 하한값을 발생하는 통계치는 F에서 상한값임								
d 계획 : Intercept+수업방식+학습동기화형태+수업방식+학습동기화형태								

2.6 개체 간 효과 검증

● 수정모형 : 독립변인에 응답한 사례가 적은 경우 이를 수정한 후 분석한 것

● 제1독립변인에 따라서 종속변인들 각각은 유의한 차가 있는가?

● 종속변인에 미치는 독립변인들의 상호작용효과는 있는가?

● 상호작용 영향을 보다 많이 미치는 종속변인은 어떤 것인가?

● 종속변인에 대해 두 독립변인의 상호작용효과가 있다면, 어떤 결론을 내릴 수 있는가?

[예] 수업방식과 학습동기화 형태가 학업성취도 및 학습파지도에 미치는 상호작용효과가 있다면, 강의법은 어떤 학습동기화 전략이 효과적이며, 질의응답법은 어떤 학습동기 전략이 효과적인가?

〈표 29〉 개체 간 효과 검증

자원	종속변인	제Ⅲ유형 제곱합	자유도	평균자승	F	유의도	비중심 모수	관찰 검증력(a)
수정모형								

자원	종속변인	제Ⅲ유형 제곱합	자유도	평균자승	F	유의도	비중심 모수	관찰 검증력(a)
Intercept								
수업방식								
동기화유형								
수업방식× 동기화유형								
오 차								
전 체								
수정합계								
a 유의수준 = .05를 적용하여 계산								
b R^2=.573 (수정된 R^2=.521)								
c R^2=.718 (수정된 R^2=.682)								

2.7 다변량분석 결과

〈표 30〉 다변량분석 결과표

변량원	종속변인	Wilk's Lamda	자승합	자유도	변량추정치 (평균자승)	F
수업방식	학업성취도					
	학습파지도					
학습동기화 유형	학업성취도					
	학습파지도					
수업방식× 학습동기유형	학업성취도					
	학습파지도					
전 체	학업성취도					
	학습파지도					

- 위 표의 각 셀에서 Wilks' Lamda값이 유의하다면, 학업성취도와 학습파지도는 독립변인에 따라서 유의한 차가 있거나, 혹은 두 독립변인의 종속변인에 미치는 상호작용효과가 있음.

- 또 각 셀의 F값이 유의하다면, 독립변인 수준 간 해당 종속변인의 평균치의 차가

유의함.

2.8 판별분석

> ▸ 종속변인이 두 개 혹은 그 이상의 집단으로 구성되었을 때 여러 개의 독립변인을 통해 집단 구성원을 판별 혹은 예측하기 위한 통계 방법
> ▸ 집단 판별에 영향을 주는 독립변인이 무엇인가, 그러한 독립변인들 중 판별력이 가장 큰 변인은 무엇인가를 규명할 때 사용

● 목적 : 수업방식이 학업성취도와 학습파지도에 의해 구별될 수 있는가를 규명함

● 기능 : 다변량분석 결과를 보충적으로 추가 분석함

〈표 31〉 수업방식의 학업성취도와 학습파지도에 대한 판별분석 결과

변인	판별함수 1 b	 s	단변인	집단	센트로이드
학업성취도	.285	.402	84.295	유형1	
학습파지도	1.203	.896	103.287	유형2	
				유형3	
Eigenvalue	Rc(정준상관계수)		Wilks's Lamda		p
4.012	.879		.205		.000

〈표 31〉에서 볼 수 있듯이, 아이겐값이 4.012, 정준상관계수가 .879로서 판별함수와 집단 간의 비교적 높은 관련성(정준상관계수의 자승은 .7726)인 77.26%를 갖는다.

〈표 32〉 집단 분류 결과표

실제집단	사례수	예상집단(%)		
		유형 1	유형 2	유형 3
유형 1	25	19	3	3
유형 2	25	4	21	2
유형 3	25	2	1	20
Percent of cases correctly classified : 80.1%				

〈표 32〉에 의하면, 학업성취도와 학습파지도가 수업방식 집단을 판별하는 판별함수가 전체적으로 80.1%의 정확도를 보이는 판별력을 갖고 있다. 이 판별함수는 높은 예측력과 판별력을 지니는 좋은 함수로서 학업성취도와 학습파지도는 수업방식의 세 집단을 구분하는 좋은 예측변인이라고 할 수 있다.

SPSS 이용법

1. Analyze ⇒ General Linear Model ⇒ Multivariate 클릭
2. 종속변인(D) 창으로 학업성취도와 학습파지도를 이동시키고, 기준요인(F)난으로 수업방식과 학습동기유형을 이동시킴
3. 모형(M)을 클릭한 후 완전요인모형 선택(완전요인모형 : 모든 요인의 주효과, 공변인 효과, 요인간 상호작용을 구할 수 있음)
4. Option 클릭(기술통계치, 변량의 동질성 검증, 평균-산포도표 등)

4] 일원다변량분석 : 단일집단 반복측정설계

농어촌 소인수 학급 아동 17명을 대상으로(학습정상아동/학습부진아동) 4회에 걸쳐 주의집중 훈련, 동기유발 훈련, 학습전략 훈련, 의사소통 훈련을 실시할 때 학업성취도에 차이가 있는가?

〈표 33〉 훈련유형과 학습수준(정상/부진) 간 학업성취도의 차이 분석 결과표(예)

변량원		자승합	자유도	평균자승	F
학습수준	정상 부진	3.96	1	3.96	1.36
훈련유형	주의집중 동기유발 학습전략 의사소통	28.94	3	9.647	4.29**
학습수준 × 훈련유형		11.68	3	3.893	3.05*

〈표 33〉을 보면, 학습수준에 따른 학업성취도는 유의한 차이가 없다. 그러나 훈련유형 간에는 $p<.01$ 수준에서 유의한 차가 나타났다. 즉 4가지 학습촉진 훈련 유형

간에 학업성취도가 차이가 있다. 그리고 학습수준과 훈련유형이 학업성취도에 미치는 상호작용효과도 $p<.05$ 수준에서 유의한 것으로 나타났다.

SPSS 이용법
1. Analyze ⇒ General Linear Model ⇒ 반복측정(L) 클릭
2. 정의(F) 클릭 ⇒ 반복측정 요인 정의 창에서 '개체내 요인 이름' 난에 "학습수준"을 입력하고, '수준의 수' 난에 "2"라고 입력하고 '추가'클릭 ⇒ 동일한 방법으로 "훈련유형"을 입력하고 "4"를 입력
3. :반복측정 창에서 왼쪽에 종속변인인 학업성취도를, 오른 쪽 '개체 내 변인(W)' 창에 훈련유형을, 그리고 개체 간 요인(B) 난에 학습수준을 이동시킴 ⇒ 확인 클릭
4. 분석 결과 저장

5] 중다공변량분석

[1] 목적 : 독립변인 외에 가외변인이 종속변인에 영향을 미칠 것으로 판단하는 경우, 해당 가외변인을 공변인으로 한 다변량분석

– 예 : 앞의 연구 에에서 교과흥미도가 학업성취도에 영향을 미칠 것으로 판단될 경우, 교과흥미도를 측정하여 분석에서 이를 공변인으로 다룸

[2] 연구주제의 예 : 학습자의 성격유형(내향성/외향성)과 통제소재(외적 통제/내적 통제)가 시험불안, 학업스트레스, 학습지구력에 미치는 영향

[3] 공변인 : 학습동기

▶ 변량–공변량 행렬의 동질성(Box's M), Bartlett의 구형성 검증(종속변인들 간 유의한 상관이 있는가), 회귀의 동질성 검증(다변량 분석에서 공변인이 다른 독립변인들과의 상호작용은 유의하지 않으면서, 그 자체로 Wilks' Lamda값이 유의해야 함), 기술통계치, 다변량 검증, 개체 간 효과 검증 등이 이루어져야 함.

〈표 34〉 공변인이 있는 다변량분석 결과표 [예시]

변량원	종속변인	Wilks' Lamda	자승합	자유도	평균자승 (변량추정치)	F
공변인 (학습동기)	시험불안	.74***	126.45	1	126.45	86.375
	학업스트레스		98.36	1	98.36	48.957

변량원	종속변인	Wilks' Lamda	자승합	자유도	평균자승 (변량추정치)	F
	학습지구력		398.58	1	398.58	56.248
성격유형	시험불안 학업스트레스 학습지구력	.63***	6.39 37.82 9.47	1 1 1	10.39 37.82 9.47	4.96** 12.57*** 3.04
통제소재	시험불안 학업스트레스 학습지구력	.56***	5.38 37.64 4.39	1 1 1	5.38 37.64 4.39	3.01 12.38*** 2.26
성격유형× 통제소재	시험불안 학업스트레스 학습지구력	.98	1.39 2.01 3.27	1 1 1	1.39 2.01 3.27	.63 .84 1.32

** $p<.01$ *** $p<.001$

〈표 34〉를 보면, 공변인인 학습동기는 Wilks' Lamda값이 .74로서 $p<.001$ 수준에서 유의한 것으로 나타났다. 즉 종속변인들의 평균벡터에 영향을 미치고 있어서 공변인으로 취급하는 것은 적절하다고 할 수 있다. 성격유형이 종속변인에 미치는 주효과가 있으며, 통제소재의 주효과도 $p<.001$ 수준에서 유의한 것으로 밝혀졌다. 그러나 이들 두 독립변인이 종속변인에 미치는 상호작용효과는 유의하지 않은 것으로 나타났다.

단변인 F값을 보면, 성격유형에 따라 시험불안은 $p<.01$ 수준에서, 학업스트레스는 $p<.001$ 수준에서 유의한 차가 있는 것으로 나타났다. 그리고 통제소재에 따른 학업스트레스는 $p<.001$ 수준에서 유의한 차가 있음을 알 수 있다.

SPSS 이용법

1. Analyze ⇒ General Linear Model ⇒ Multivariate(M) 클릭
2. 모형(M) 클릭 ⇒ '사용자 정의' 선택 ⇒ '항 설정'에서 '상호작용' 선택 ⇒ 계속 3. Option 클릭 ⇒ 출력 난의 해당 통계치 선택(기술통계치, 동질성 검증, 잔차 SSCP 행렬 등)
4. 분석 결과 저장

다. 요인분석

- 어떤 현상을 간결한 방법으로 파악하여 주어진 현상을 작은 수의 요인을 통하여 설명해 보려고 함.
- 일련의 변인 간에 얻은 관계를 수학적으로 요약 · 기술하려는 통계분석법
- 여러 측정치 간에 있는 변인의 수와 특성을 결정하는 통계분석법
- n개의 측정치에서 k개의 변인(요인)을 결정하는 방법

[예] 100개의 문항으로 구성된 시험지를 분석해 보았더니 국어, 수학, 과학, 사회, 도덕 등 5 개 교과 내용을 측정하고 있다.

- 일련의 측정치에서 공통요인 변량을 추출하는 방법

[예] 30개의 문항으로 구성된 자아개념 측정도구는 '학업자아개념', '사회적 자아개념', '도덕 적 자아개념', '신체적 자아개념' 등을 공통으로 측정해 내는 도구이다.

- 용도

1. 검사도구가 공통으로 측정하고 있는 특성 혹은 검사 간의 상호관계 분석 결과 나타난 특 성의 추출
2. 한 검사의 타당도 규명

[예] 이론적, 논리적으로 구성한 자아개념 측정도구는 경험적으로도 증명되는가를 규명

3. 능력 및 성격의 구조 규명

[예] 다중지능은 어떤 구조를 지니는가를 밝힘

1] 요인분석의 기본 절차[위의 영어학습태도 척도의 경우]

[1] 일련의 학생을 표집하여 그들에게 이 척도를 실시하고 자료를 수집한 후 통계분석이 가능하도록 컴퓨터에 입력

[2] 각 변인(문항) 간 상관계수를 구하여 상관행렬표를 작성

[3] 상호상관행렬을 기초로, 주성분 분석(principal component analysis)을 하고, 고유치(eigenvalue)가 1 이상인 요인을 추출(연구자가 먼저 요인의 수를 지정하여 입력할 수 있으며, scree 도표를 추출하여 요인의 수를 지정할 수 있음)

[4] 주성분 분석 결과를 가지고 각 요인을 가장 선명하게 드러내는 회전방법을 적용하여 축회전을 함(축회전 방법은 사각회전(斜角回傳)과 직각회전(直角回傳) 방법이 있음)

[5] 각 요인별로 가장 많은 부하량을 지닌 변인(문항)들을 묶어서 요인별로 정리하고, 각 요인별 명칭을 붙임.

[6] 각 요인 간 상관계수를 구하고, 내적 일관도로서 척도의 신뢰도를 구함

(Cronbach's α)

[7] 각 요인에 대한 해석

2] 요인분석에 관련한 기초 개념

[1] 공통요인과 고유요인, 군집요인

❑ 공통요인(common factor) : 일련의 측정도구가 측정해 내고 있는 관찰변인들의 배후에 공통으로 존재하는 요인으로서, 이것이 요인분석을 통하여 규명하려는 요인임.

❑ 고유요인(unique factor) : 다른 요인들에는 나타나지 않고, 특정 요인에만 나타나는 요인

❑ 군집요인(cluster factor) : 공통요인 중 특정 요인 간에만 공통적인 요인

〈표 35〉 3 검사 간 상관표를 통해 본 요인들의 예

A	1 2 3 1 – .0 .0 2 – .0	검사 1, 2, 3은 서로 관련 없음	고유요인
B	4 5 6 4 – .7 .7 5 – .7	– 세 검사가 서로 부분적으로 상관을 맺고 있음 – 서로 무관한 부분도 있음	공통요인 + 고유요인
C	7 8 9 7 – .50 .0 8 – .0	–검사 7과 8은 서로 부분적으로 상관 검사 9는 다른 두 검사와 무관	군집요인 + 고유요인
D	10 11 12 10 – .6 .6 11 – .4	검사 10과 11, 10과 12 간 각각 .60, 검사 11과 12 간 .40	공통요인+군집요인+고유요인

[2] 상관행렬과 요인행렬

[예] 어떤 연구자(교사)가 학생들의 지적 특성을 연구하기 위하여 여섯 가지 검사를 제작 혹은 사용하여 학생 200명에게 실시했다. 6개 검사는 어휘(V : vacabulary), 읽기(R : reading), 동의어(S : synonyms), 수(N : numbers), 표준화 수학고사(SA :

standardized arithmatic test), 교사제작 수학고사(TA : teacher-made arithmatic test) 등이다. 자료 수집 후 각 검사들 간 상관계수를 계산한 결과 〈표 36〉과 같은 R상관행렬표(R matrix)를 얻었다.

〈표 36〉 R상관행렬표 : 6개 검사 간의 상관계수

검사	V	R	S	N	SA	TA
V	–	.72	.63	.09	.09	.00
R	.72	–	.57	.15	.16	.09
S	.63	.57	–	.14	.15	.09
N	.09	.15	.14	–	.57	.63
SA	.07	.16	.15	.57	–	.72
TA	.00	.09	.09	.63	.72	–

〈표 37〉 요인행렬표

검사(문항)	A	B	C	h^2
V	.86	.00	.03	.74
R	.83	.09	.11	.71
S	.75	.10	−.09	57
N	.10	.75	−.09	57
SA	.09	.83	.11	.71
TA	.00	.86	.03	.74

☞ A, B, C는 추출한 요인임.

[3] 요인부하량과 공유치

❑ 요인부하량(factor loading)

- 요인부하량 : 〈표 37〉의 A, B, C난의 각 수치
- 공통요인이 각 관찰변인에 미치는 인과관계의 정도를 나타내는 것으로, 회귀분석에서 회귀계수와 같은 개념임.

❑ 공유치(h^2, communality)

- 검사 V의 공유치 = $(.86)^2+(.00)^2+(.03)^2=.74$로서 그 검사의 공통요인 변량을 나타냄.
(한 변인(문항)에 해당하는 행의 요인부하량들의 제곱의 합)
- 한 검사의 전체변량에 대한 공통요인변량 비율의 합.
- 공유치가 클수록 각 변인(문항)의 오차변량은 작아짐. $h^2=.74$라면 이 변인이 전체 변량을 1.00이라고 할 때, 그 중 74%가 공통요인의 변량이고, 나머지는 오차변량 혹은 특수변량이라는 의미임.

[4] 직교적 해법과 사교적 해법

❑ 직교적 해법(直交的 解法, orthogonal solution) : 서로 상관이 없는 요인들로 유도하여 요인을 추출해 내는 방법

❑ 사교적 해법(斜交的 解法, oblique solution) : 서로 상관이 있는 요인들로 유도하여 요인을 추출해 내는 방법

3] 요인회전

[1] 주어진(추출된) 변인에 가깝도록 요인을 나타내는 기준축을 회전시키는 것

[2] 기준축 선택의 원칙은 단순구조 원칙임 : 무수한 축 중에서 택해야 할 축은 쉽게 해석할 수 있어야 하며, 심리적 의미를 갖는 것을 선택해야 함. 이 원칙을 충족시키려면 주어진 요인에서 요인부하량이 높은 것은 극대화시키고, 낮은 것은 극소화 시키는 축 선택

[3] 직교회전(直交回傳, orthogonal) : 각도를 90^o로 유지하면서 회전시키는 방법으로서, 두 요인 또는 요인들 사이의 각도를 90^o로 유지함으로써 가능한 많은 변인들이 각 요인에 최대한 부하되도록 하되, 한 요인에 부하된 변인들(문항들)은 다른 변인들(문항들)에는 낮게 부하되도록 하는 방법

- **Varimax(열변산최대법)** : 요인행렬의 각 요인을 단순구조에 맞도록 단순화 시킴 ⇒ 각 변인(문항)도 단순구조에 부합되어 감.
- **Quartimax(행변산최대법)** : 원요인행렬의 열에 해당하는 각 변인(문항)의 요인들 중 요인부하치가 작은 것은 더욱 극소화시키고 큰 것은 더욱 극대화시킴으로써

그 차이를 극대화시키도록 회전 ⇒요인부하치의 행렬이 행에 해당하는 각 변인에 대해서 단 하나의 요인에 의해서만 크게 실리고, 나머지 요인에 대해서는 극히 작게 실리든지 '0'의 값으로 실리도록 하는 것.

〈표 38〉 직교회전의 예

회전전 원요인행렬

변인(문항)	요인		h^2
	I	II	
1	.60	.42	.58
2	.62	.63	.74
3	.71	−.30	.60
4	.39	−.48	.37

⇒

직교회전 후 요인행렬

변인(문항)	요인		h^2
	I	II	
1	.08	.75	.54
2	−.07	.84	.70
3	.69	.32	.59
4	.67	−.03	.43

[4] 사교회전(斜交回傳, Oblique)

– 관찰된 변인들이 모여 있는 위치로 초기의 요인축을 회전시키되 회전시킨 각 요인축에 수직인 또는 회전된 축과 상관이 없는 기준축을 사용함.

– 대응하는 축 사이에는 상관이 존재함을 전제함. 따라서 요인 간의 상관을 인정함으로써, 직교적 회전방법이 요인들 간 상관관계가 없다는 전제(제약)를 하기 때문에 일반성을 띠지 못하는 문제를 해결해 줌.

– 새로 형성된 사교축 사이에 직각이 아닌 각을 이루고 있어 두 축 사이에는 상관이 있음을 상정함.

– 사교축으로 회전시키면, 새로 형성된 요인축에 대해서 각 변인의 요인부하가 어떤 요인에는 아주 높게, 다른 요인에는 아주 낮게 부하된다. 이는 각 요인이 서로 독립된 요인으로 해석하게 만든다. 따라서 이 방법은 각 요인들 간에는 상관이 있음을 전제로 하는 것과 배치되는 문제가 있다.

〈표 39〉 자기조절학습기능에 대한 사교회전의 예

회전전 원요인행렬

변인(문항)	요인		h^2
	Ⅰ	Ⅱ	
조직과 변환	.860	−.442	.858
시연과 기억	.862	.-433	.874
목표 설정 및 계획	.801	−.430	.820
자기평가	.739	−.408	.817
자기강화	.721	.620	.749
기록유지 및 자기점검	.683	.496	.728
정보탐색 노트복습 시	.627	.503	.603
험지 복습	.564	.548	.592
교과서 복습	.602	.402	.495

⇒

사교회전 후 요인행렬

변인(문항)	요인		h^2
	Ⅰ	Ⅱ	
조직과 변환	.808	.075	.854
시연과 기억	.807	−.084	.870
목표 설정 및 계획	.769	−.032	.759
자기평가	.767	.053	.743
자기강화	.723	.107	.708
기록유지 및 자기점검	−.085	.836	.694
정보탐색 노트복습 시	−.016	.792	.747
험지 복습	−.004	.707	.674
교과서 복습	.025	.628	.583

4] 요인분석이론

[1] 기본정리 I

> 한 검사의 전체 변량은 공통요인 변량과 특수요인 변량 및 오차변량의 총합
> $V_t = V_{co} + V_{sp} + V_e$ [V_t : 전체변량, V_{co} : 공통요인변량, V_{sp} : 특수요인변량, V_e : 오차변량

[2] 기본정리 Ⅱ

> 두 검사 간의 상관계수는 그들의 공통요인 부하량의 교적의 총합과 같다.

[2-1] 두 검사를 X와 Y라고 한다면, $r_{xy} = a_x a_y + b_x b_y + \cdots + k_x k_y$

$a_x a_y$: 검사 X와 Y의 요인 A의 부하량

$b_x b_y$: 검사 X와 Y의 요인 B의 부하량

$k_x k_y$: 검사 X와 Y의 요인 K의 부하량

〈표 39〉로 각 검사 간의 상관계수를 구하면,

V와 R 간의 상관계수 $r_{VR} = (.86)(.83) + (.00)(.10) + (.03)(.11) = .71$

(요인 A의 부하량에 의해 주로 결정되고 있음)

5] 요인분석 연구 예

[1] 연구문제 : 다음의 학습태도 척도는 어떤 요인들로 구성되어 있는가?

요인분석을 할 척도의 예 : 중 · 고교생의 영어학습태도 검사

문 항	매우 그렇다	그런 편이다	잘 모르겠다	그렇지 않다	전혀 그렇지 않다
1. 나는 학교에서 공부하는 것이 재미있다	학업				
2. 나는 우리 학교 선생님들을 자랑스럽게 생각한다	교사				
3. 영어라고 해서 다른 과목보다 열심히 할 필요는 없다	영어				
4. 공부는 어느 과목이나 열심히 해야 한다	학업				
5. 학생에게 가장 중요한 것은 공부를 열심히 하는 일이다	학업				
6. 공부하는 것은 지겨운 일이다	학업				
7. 나는 선생님으로부터 인정을 받고 있다	교사				
8. 우리학교 선생님들은 존경할만한 분들이다	교사				
9. 우리학교 선생님은 공부를 재미있게 가르친다	교사				
0. 우리학교 선생님들은 책임감이 강하다	교사				
11. 다른 과목보다 영어 공부가 재미있다	영어				
12. 다른 과목보다 영어 수업시간이 기다려진다	영어				
13. 공부하는 것은 재미있는 일이다	학업				
14. 우리 학교 영어 선생님들은 칭찬보다 꾸중을 더 많이 하신다	교사				
15. 영어가 국어 과목보다 중요한 것은 아니다	영어				
16. 영어 수업시간이 되면 신이 난다	영어				
17. 영어공부는 필요한 학생들만 공부했으면 좋겠다	영어				
18. 성적 때문에 스트레스를 많이 받는다	학업				
19. 영어 공부를 잘 하지 못하면 세상 살아가기 어려워 질 것이다	영어				
20. 공부는 하면 할수록 재미가 있다	학업				
21. 우리 학교 영어 선생님들은 상냥하고 친절하시다	교사				

[2] 연구방법 : 중학생 250명을 대상으로 위의 척도를 실시한 후 요인분석을 하였다.

[3] 연구결과

〈표 40〉 21개 문항 간 상관행렬표

요인	1	2	3	4	5	6	7	8	9	10	11	12	13	14	15	16	17	18	19	20
1																				
2	.23																			
3	.30	.40																		
4	.82	.32	.46																	
5	.78	.26	.26	.83																
6	.81	.29	.38	.79	.84															
7	.18	.76	.33	.25	.46	.32														
8	.34	.83	.28	.28	.31	.41	.83													
9	.35	.84	.19	.39	.35	.28	.76	.77												
10	.28	.81	.36	.34	.38	.31	.79	.84	.85											
11	.30	.30	.85	.28	.47	.33	.42	.44	.41	.43										
12	.27	.31	.87	.40	.26	.36	.36	.28	.37	.26	.81									
13	.79	.37	.35	.86	.81	.83	.27	.33	.28	.32	.36	.41								
14	.47	.79	.44	.31	.20	.41	.77	.79	.77	.83	.32	.27	.44							
15	.37	.27	.76	.29	.23	.38	.30	.32	.29	.35	.84	.78	.30	.38						
16	.33	.33	.73	.33	.32	.26	.33	.35	.33	.33	.80	.87	.31	.37	.83					
17	.29	.31	.83	.38	.33	.24	.28	.40	.41	.38	.78	.80	.32	.34	.80	.84				
18	.83	.34	.27	.78	.86	.80	.36	.42	.34	.32	.29	.35	.68	.42	.37	.30	.37			
19	.48	.40	.79	.37	.30	.33	.43	.34	.42	.37	.83	.76	.33	.29	.45	.79	.82	.41		
20	.69	.29	.35	.80	.80	.79	.30	.37	.35	.35	.31	.33	.75	.39	.47	.34	.35	.84	.36	
21	.22	.68	.38	.35	.29	.27	.80	.74	.75	.78	.38	.30	.30	.78	.31	.40	.27	.33	.38	.32

[주] r=.205~.266은 p〈.05 수준에서, r≧.267은 p〈.01 수준에서 유의함.

❑ 축회전전의 요인행렬표

상관행렬표를 기초로 주성분(Principal-Component) 분석을 하여 Eigenvalue가 1.0이상인 요인을 추출하면 〈표 41〉과 같다.

〈표 41〉 축회전전의 요인행렬표

변인(문항)	요인 I	요인 II	요인 III	h^2
1	.8439	.1902	.0192	.8605
2	.3728	.7658	.3781	.7896
3	.2901	.3947	.8491	.8640

변인(문항)	요인 I	요인 II	요인 III	h^2
4	.7568	.6548	.1038	.7984
5	.9012	.2010	.1120	.8703
6	.8845	.3002	.2013	.1129
7	.4637	.8002	.1909	.3087
8	.4813	.7984	.2013	.1967
9	.4783	.8087	.2001	.2980
10	.3882	.7994	.0012	.3001
11	.2987	.3330	.7605	.4806
12	.3635	.3206	.8021	.9853
13	.7768	.1820	.0123	.8465
14	.4738	.6997	.0374	.7839
15	.1010	.2906	.8764	.2974
16	.2452	.3997	.7980	.8438
17	.3713	.3010	.8096	.4096
18	.8091	.2031	.0485	.5124
19	.3610	.3000	.7990	.7694
20	.8303	.3017	.1102	.5837
21	.2618	.8474	.1206	.8126
Eigenvalue 기여율(%) 누가기여율(%)	7.18362 56.2 56.2	2.0845 22.1 78.3	1.9847 10.6 88.9	

❑ 축회전(varimax) 후의 요인행렬표는 〈표 42〉와 같다.

〈표 42〉 축회전 후의 요인행렬표

변인(문항)	요인 I	요인 II	요인 III
1	.84536	.19375	.29053
4	.92017	.20003	.00236
5	.83462	.29710	.01354
6	.74729	.00124	.20176
13	.79083	.20103	.03612
18	.88503	.01121	.01284
20	.84365	.10784	.10124

변인(문항)	요인 I	요인 II	요인 III
2	.37683	.76849	.03624
7	.37298	.83674	.01795
8	.45276	.87085	.12035
9	.12053	.79986	.08674
10	.27683	.87495	.10682
14	.38671	.76598	.01014
21	.29700	.58979	.20110
3	.36877	.02376	.88427
11	.28684	.11105	.79607
12	.39672	.01291	.84967
15	.46147	.01296	.85910
16	.29985	.03768	.69873
17	.33003	.29684	.77695
19	.27686	.30024	.69897

〈표 42〉에 의하면, 요인 I 에는 문항 1, 4, 5, 6, 13, 18, 20 등 7개가, 요인 II 에는 문항 2, 7, 8, 9, 10, 14, 21 등 7개가, 요인 III 에는 문항 3, 11, 12, 15, 16, 17, 19 등 7개가 포함되며, 요인 I 이 영어학습태도 변량의 56.2%를 설명하고(〈표 42〉), 요인 II 는 22.1%, 요인 III 은 10.6%로서 이들 세 요인이 영어학습태도 변량의 설명량은 약 89%로 나타났다.

이들 세 요인들은 각 요인에 포함되는 문항들의 의미상 요인 I 은 "일반학업태도"로, 요인 II 는 "교사에 대한 태도"로, 요인 III 은 "영어학습태도"로 명명할 수 있다.

❑ 요인 상호 간의 상관도

직교회전 후 3개 요인 간의 상호상관계수와 각 요인의 내적 일관성계수로서의 신뢰도를 구한 결과는 〈표 43〉과 같다.

〈표 43〉 각 요인 간 상관계수 및 각 요인의 신뢰도

요 인	I	II	III
I		.53	.58

요 인	I	II	III
Ⅱ	.53		.47
Cronbach'α	.86	.84	.90
척도 전체 Cronbach'α		.87	

SPSS 이용법
1. Analyze ⇒ Data Reduction ⇒ Factor 클릭
2. 변인 창에 있는 문항들 중 요인분석할 문항들을 Variables 창으로 이동시킴
3. 하단 Extraction(요인을 추출하기 위한 방법) 클릭 ⇒ 탐색적 요인분석의 경우에는 '사용자 정의'인 Eiogenvalue가 1이상인 요인 출력하며, 확인적 요인분석의 경우에는 연구자가 요인의 수를 지정해 줌[Number of Factors를 클릭하고, 요인 수를 입력]
4. 하단 Rotation을 클릭하여 회전 방법 선택
5. Option 클릭하여 필요한 통계치 선택
⇒ OK 클릭
6. 분석 결과 저장

라. 판별분석(Discriminant Analysis)

1] 목적과 기능

[1] 종속변인이 두 개 혹은 그 이상의 집단으로 구성되었을 때 여러 개의 독립변인을 통해 집단 구성원을 판별 혹은 예측하기 위한 통계 방법

[2] 집단 판별에 영향을 주는 독립변인이 무엇인가, 그러한 독립변인들 중 판별력이 가장 큰 변인은 무엇인가를 규명할 때 사용

2] 판별분석의 예

[1] 합격자와 불합격자 집단을 판별해 내는 독립변인들은 무엇이며, 어느 독립변인의 집단 판별력이 가장 큰가, 그것들은 어느 정도인가?

[2] 학성성취도 상과 하 집단을 판별해 내는데 효과적인 독립변인들은 무엇이며, 어 떤 독립변인의 판별력이 가장 큰가?

[3] 교직에 대한 만족집단과 불만족 집단을 판별해 내는 힘이 가장 큰 독립변인은

무엇인가, 독립변인들 중 가장 큰 판별력을 지닌 변인은 무엇인가?
[4] 수업평가 고집단과 저집단을 판별해 내는 영향이 큰 변인은 무엇이며, 어느 정도인가?

3] 구체적인 연구 예

[논문제목] 실시간 온라인 토론 수업에서 참여도와 만족도에 영향을 주는 변인 탐색

- 연구자 : 김태웅 · 박인우(고려대 교육문제연구소)
- 게재논문 : 교육방법연구. 20(2), 1-20. 2008년
- 개요

❑ 선행연구를 통하여 학습자의 학습참여도와 만족도에 영향을 주는 요인을 (1) 학습자 관련 변인 (2) 수업설계 관련 변인 (3) 수업환경 변인 등의 범주별로 규명함

관련변인		관련 연구자
학습자 관련 변인	학습동기(내적/외적 동기)	정재삼 · 임규연(2000), Stein(1997), Velayo(1993)
	내향성/외향성	박신자 · 이정민(2003), 박인우(1998), 박인우 · 이은실(2000)
	도덕성	박인우 · 고은현(2001), 한상희(1997)
	사전학습능력(사전 지식)	박명숙(2003), 조일주(2004), 정재삼 · 임규연(2000)
	쓰기에 대한 태도	정재삼 · 임규연(2000), Stein(1997), Velayo(1993)
	자기조절학습전략	서혜전(2001), 이향녕(2002)
	컴퓨터매개통신에 대한 태도	정재삼 · 임규연(2000), Choi(1996), 이항녕(2002)
	인지양식	채유정(2004), Ching(1998)
	통제의 소재	서혜전(2001), 정선영(2002)
설계 관련 변인	토론주제의 관련성	임정훈 · 정인성(1998), 정재삼 · 임규연(2000)
	학습자의 기준 인식 정도	정구창(2005), 최형규(2005), RepmanLogan(1996)
	익명성 정도(실명/익명)	박인우 · 고은현(2001), 박인우 · 김미향(2000), 정란(2003)
환경 관련 변인	물리적 한경(H/W, S/W)	서혜전(2001), 정재삼 · 임규연(2000), Stein(1997)
	심리적 환경	서혜전(2001), 정재삼 · 임규연(2000), Choi(1997)
	지원(기술적 문제해결 지원)	서혜전(2001), 정재삼 · 임규연(2000)

❑ 교직과목을 수강하는 대학생 135명을 대상으로

- 독립변인으로서 학습자 관련 변인 7개(학습동기, 내 · 외향성, 도덕성, 사전학습능력(사전 지식), 쓰기에 대한 태도, 자기조절학습전략, 컴퓨터매개통신에 대한 태

도)와 설계 관련 변인 3개[토론주제의 관련성, 익명성 정도(온라인 토론에서 익명/실명), 학습자의 기준 인식 정도] 등 10개 변인을 측정도구를 이용하여 측정
- 종속변인인 학습참여도와 학습만족도를 측정시스템 혹은 도구를 이용하여 측정

❑ 자료를 수집한 후 판별분석을 실시 : 학습참여도가 높은 집단과 낮은 집단을 변별하는 독립변인의 탐색
(1) 높은 참여도를 보이는 학생집단과 낮은 집단을 가장 잘 판별할 수 있는 판별함수 도출
(2) 독립변인의 상대적 기여도를 파악하기 위해 Wilks의 람다(p)가 최소가 되게 하는 단계적 판별분석 실시

〈표 44〉 학습자 및 설계 관련 변인이 학습참여도를 구별하는 기능에 대한 판별분석 결과

독립변인	투입단계	Wilks의 람다(p)	η^2	판별함수와 독립변인과의 상관
쓰기에 대한 태도	1	.939(.005)	.059	.685
컴퓨터 매개통신에 대한 태도	2	.924(.001)	.099	.347
내향성/외향성	3	.901(.001)	.125	-.489
토론주제의 관련성				-.145
학습동기				-.120
자기조절학습전략				-.112
익명성 정도				.050
도덕성				-.031
사전 학습능력				.015
학습자의 기준인식 정도				.007
고유값				.143
설명변량				100
Rc(정준상관계수)				.354
Wilks의 람다(p)				.875(.001)

[해석]
- 판별식에 투입된 변인은 쓰기에 대한 태도, 컴퓨터 매개통신에 대한 태도, 내향

성/외향성 등 3개이며, 이 3개 독립변인이 학습참여도 상/하 집단을 구분하는 판별력이 크다.

- Wilks 람다는 전체 변량 중 집단내 변량(오차변량)이 차지하는 비율로서 람다값이 0에 가까우면 집단내 변량의 비율이 작고 집단 간 변량이 커지는 것을 의미
- 〈표 45〉에서 독립변인의 수가 추가됨에 따라서 단계별 Wilks람다값은 점차 감소하여 판별의 기능이 더욱 향상됨을 알 수 있다. 이는 모형의 예측력을 나타내는 이타자승(η^2)의 값을 통해서도 알 수 있다.

〈표 45〉 학습참여도 분류의 정확도

단위 : 명(%)

예측 참여도				전 체
참여도		상	하	
원래 참여도	상	38(65.5)	20(34.5)	58(100)
	하	24(31.2)	53(68.8)	77(100)

[해석]

모형에 포함된 독립변인들에 의해 학습참여도 수준이 어느 정도 정확하게 분류될 수 있는지를 분석한 결과(〈표 45〉), 도출된 판별함수에 의해 학습참여도 上집단의 경우 65.5%, 下집단 68.8%의 학생들이 정확하게 분류되어 전체적으로 67.4%의 정확도를 나타내고 있다.

따라서 학습자 관련 변인인 쓰기에 대한 태도, 컴퓨터 매개통신에 대한 태도, 내향성/외향성 등 3개 요인이 두 집단을 잘 판별해 내는 판별예측력이 높은 요인이라고 할 수 있다. 그리고 판별예측력이 높은 순서는 쓰기에 대한 태도, 컴퓨터 매개통신에 대한 태도, 내향성/외향성 등의 순이다.

마. 경로분석(path analysis)

1] 성격

[1] 중다회귀분석의 확대 적용 방법

[2] 연구자로 하여금 연구모형에 있는 변인들의 가정된 인과관계를 명시하도록 함

[3] 연구자가 경로분석의 이론에 근거하여 두 변인간의 단순상관을 직 · 간접적 관계효과로 분해 한다는 것이 가능

[4] 변인간의 인과관계를 증명하는 것이 아니라, 타당하다고 추정되는 인과순서에 따라 어떤 변인들에 직 · 간접으로 영향을 미치는 크기를 추정하는 기법

2] 목적

[1] 주어진 모형의 여러 변인 간 보다 중요한 관계성을 지니는 변인은 무엇인가?

[2] 주어진 모형의 변인들 간에는 상호 어떤 관련성을 갖는가?

[3] 연구자가 타당하다고 추정한 인과순서에 따라 변인과 변인들에 직접 혹은 간접적으로 영 향력의 크기를 추정

3] 기본가정

[1] 변인들은 동간척도로 측정되고, 정상분포를 전제로 변인들 사이의 관계가 선형적이어야 함.

[2] 오차끼리는 상관관계가 없으며, 오차와 변인 간에도 상관관계가 없어야 함.

4] 경로분석 모형

[1] 일방적인 인과를 설명하는 모형 [일방적 인과모형]

❑ 예 : "가정환경, 지능, 자아개념과 학업성적과의 관계"에서, 가정환경 ⇒ 학업성적

❑ 변인 간 인과관계는 '→'로 표시

[2] 변인 간 상호적 관계, 혹은 독립적 관계를 설명하는 모형 [쌍방적 모형]

❑ 예 : 가정환경과 성, 부모의 교육 수준은 '⇔'의 관계

❑ 인과관계가 아닌 상관관계는(예 : 부모의 성과 학력) 곡선의 화살표로 표시

5] 경로분석 절차

[1] 경로모형(가설적) 작성

[2] 단순 상관계수를 구하여 상관행렬표 작성

[3] 곡선 화살표 간 경로계수는 단순 상관계수임

[4] 중다상관계수(R)와 표준화 된 부분회귀계수(β), 표준오차 계산

❑ 경로모형의 종속변인들에 대한 독립변인들의 중다회귀분석

❑ 중다상관계수와 부분회귀계수 분석표 작성

[5] 잔여분 회귀계수 계산

[6] 경로모형에 경로계수 기입

[예제 42]

[1] 연구주제 : 학업성취도 결정 요인에 관한 연구

[2] 경로모형 작성(이론적 배경하에서 각 변인들의 인과적 관계 설정)

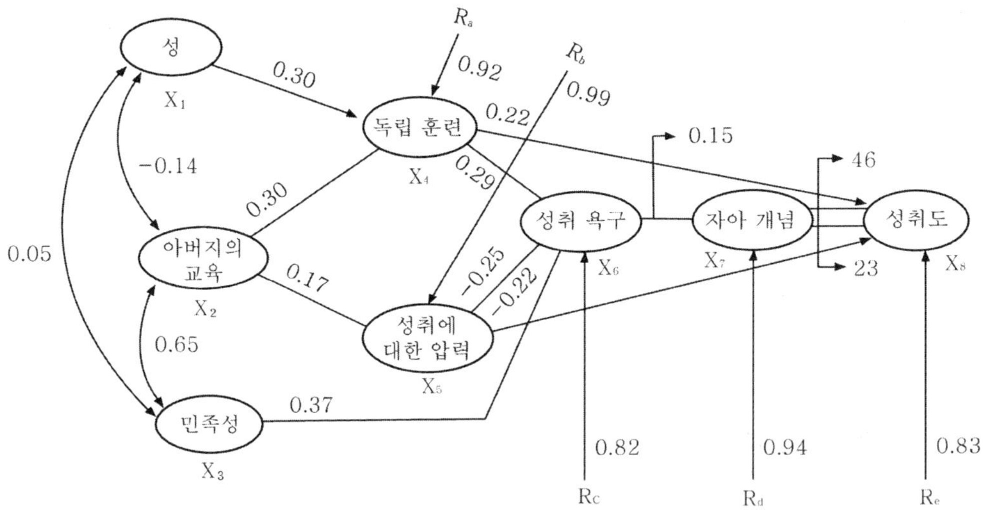

[그림 21] **학업성취도에 영향을 미치는 가정환경 변인들의 경로모형**

[3] 상관행렬표 작성

	X_1	X_2	X_3	X_4	X_5	X_6	X_7
X_2	−0.14						
X_3	0.05	0.65					

	X_1	X_2	X_3	X_4	X_5	X_6	X_7
X_4	0.26	0.26	0.23				
X_5	−0.14	0.17	0.01	0.02			
X_6	0.15	0.24	0.43	0.37	−0.24		
X_7	−0.07	0.27	0.30	0.14	0.10	0.29	
X_8	0.01	0.44	0.44	0.37	−0.09	0.38	0.54

X_1 : 성　　　　　　　　X_2 : 부의 교육정도

X_3 : 형제 수　　　　　　X_4 : 독립심 훈련

X_5 : 성취에 대한 부모의 압력　　X_6 : 성취욕구

X_7 : 자아개념　　　　　X_8 : 학업성취도

※ 상관계수는 변인의 성질에 따라서 계산공식이 다르게 적용

[양류상관계수 : 한 변인이 유목변인/ 다른 한 변인이 연속변인]

❑ 상관행렬표에서 비학습관련 변인들, 즉 학업성취 외적 변인들 간의 상관계수는 그대로 옮겨 적음

[4] 중다상관계수와 표준화 된 부분회귀계수 표(뒤부터 순서대로 종속변인으로 한 중다회귀)

종속변인	독립변인	중다상관계수	표준화 된 부분회귀계수	표준오차
학업성취도 (X_8)	독립심 훈련(X_4) 성취에 대한 부모의 압력(X_5) 자아개념(X_7)	0.56	0.22 −0.22 0.46	0.09 0.09 0.09
자아개념 (X_7)	성취욕구(X_6) 학업성취도(X_8)	0.34	0.15 0.23	0.12 0.12
성취욕구 (X_6)	형제 수(X_3) 독립심 훈련(X_4) 성취에 대한 부모의 압력(X_5)	0.57	0.37 0.29 −0.25	0.11 0.10 0.10
성취에 대한 부모의 압력(X_5)	부의 교육정도(X_2)	0.17	0.17	0.10
독립심 훈련 (X_4)	성(X_1) 부의 교육정도(X_2)	0.40	0.30 0.30	0.11 0.11

❑ 종속변인-독립변인의 중다회귀분석 결과, 표준화된 회귀계수를 해당하는 화살표(→) 아래에 적어 넣는다.

[5] 잔여분의 회귀계수(Ra, Rb, …, Re) 계산

$P_{ia} = \sqrt{1 - R^2}$ ………………………………………………………………… **[공식 77]**

이는 부분 독립변인이면서 또한 종속변인인 X_4, X_5, X_6, X_7, X_8의 잔여분의 회귀계수임

❑ 종속변인에 대한 독립변인들의 중다상관계수를 구하여 위 공식에 대입

[6] 경로모형에 경로계수, 잔여분의 회귀계수 기입

[7] 학업성취도에 대한 변인들의 공헌도 표 작성

변 인	총 영향 (total effect)	직접적 영향 (direct effect)	간접적 총영향 (total indirect effect)
자아개념(X_7) 성취욕구(X_6) 성취에 대한 부모의 압력(X_5) 독립심 훈련(X_4) 형제 수(X_3) 부의 교육정도(X_2) 성(X_1)	직접적 영향+간접적 총영향	종속변인에 대한 각 변인들의 표준화 부분회귀계수	단순상관계수– 표준화 부분회귀계수

7] 경로분석을 이용한 연구의 예

[1] 연구주제 : 교사의 근무성적에 미치는 변인들에 관한 연구

(강봉규 · 손충기 · 이기종, 2006:452–456)

[2] 연구방법

이 연구는 교사의 근무성적에 영향을 주는 변인들 간의 인과관계를 분석하려는 목적으로, 교사 50명을 대상으로 자료를 수집 분석하였다. 교사의 근무성적에 영향을 주는 변인으로서 교육수준, 재학성적, 근무부처, 근무경력, 적성 및 직무만족도 등 6개 변인을 선정하고, 이들 변인들에 관계된 선행연구들을 기초로 교사의 근무성적을 설명할 수 있는 변인들 간 인과모형을 설정한 후 이 모형에 대한 경로분석을 하였다.

이 모형에서 근무처 변인은 환경변인으로, 나머지 변인들은 모두 개인차 변인으로 투입되었다. 그리고 경로분석은 일방적 모형으로 이루어졌다.

변인들 중 교사의 교육수준은 X_1, 대학재학성적은 X_2, 근무부처는 X_3, 근무경력은 X_4, 적성은 X_5, 직무만족도는 X_6, 교사의 근무성적은 X_7로 명명하였다. 모든 변인들 간 상관계수는 X_1과 X_3 간은 점쌍열상관계수(coefficient of point-biserial correlation)이며, 나머지는 Pearson의 적률상관계수이다.

자료를 분석함에 있어서 각 변인의 평균치와 표준편차, 그리고 각 변인 간의 상관행렬표를 산출하였으며, 각 변인을 독립변인과 종속변인으로 구분하고 각각의 종속변인과 그 종속변인에 작용하는 독립변인을 회귀분석하였다. 회귀분석으로 얻은 표준화 부분회귀계수(standardized partial regression coefficient)에 의거해 경로분석의 방법으로 교사의 근무성적에 미치는 변인들의 인과분석이 이루어졌다. 그리고 잔여회귀계수(residual path coefficient)는 T. W. Anderson과 Avans (1974)가 고안한 방식에 의해 계산되었고 경로분석에 있어서는 직접적인 영향(direct effect)외 간접적 총 영향(total indirect effect)도 산출하였다.

[3] 연구 결과

❑ 각 변인 간 상관도

〈표 46〉 교사의 근무성적에 영향을 주는 변인들 간 상관행렬표

	X_2	X_3	X_4	X_5	X_6	X_7
X_1	.003	.002	−.179	.082	.065	−.092
X_2		.132	.127	.620**	.019	.334*
X_3			.346*	−.187	.142	−.004
X_4				.318	.673**	.295*
X_5					.423**	.124
X_6						.547**

* p〈.05 ** p◇01

❑ 각 변인 간의 중다상관계수

〈표 47〉 중다상관계수와 표준화 부분회귀계수

종속변인	독립변인	중다상관계수	표준화 부분회귀계수	표준오차
X_7	X_6	.48	.51	.11
	X_5		−.09	.32
	X_4		.27	.16
	X_2		.13	.21
X_6	X_5	.54	.23	.18
	X_4		−.11	.32
	X_3		.28	.14
X_5	X_4	.12	.15	.08
	X_3		−.42	.27
	X_2		.32	.13
X_4	X_3	.63	.20	.04
	X_2		.08	.16
	X_1		.29	.20
X_3	X_2	.09	.01	.12
	X_1		.13	.17

〈표 46〉과 〈표 47〉에 제시된 상관행렬표, 중다상관계수, 표준화 부분회귀계수 등에 바탕하여 인과모형을 작성한 것이 다음의 [그림 22]이다. 여기에는 각 변인 간의 인과관계가 경로계수로 표시되어 있다. 여기에서 경로계수 P는 표준화 부분회귀계수이다.

[그림 22]에 의하면, 교사의 근무성적은 교사의 직무만족도에 의해 P=.51로, 재학성적에 의해 P=.13, 근무경력에 의해 P=.27로 영향을 받으며, 적성에 의해서는 영향을 받지 않는 것으로 나타났다.

❑ 각 변인 간의 인과모형

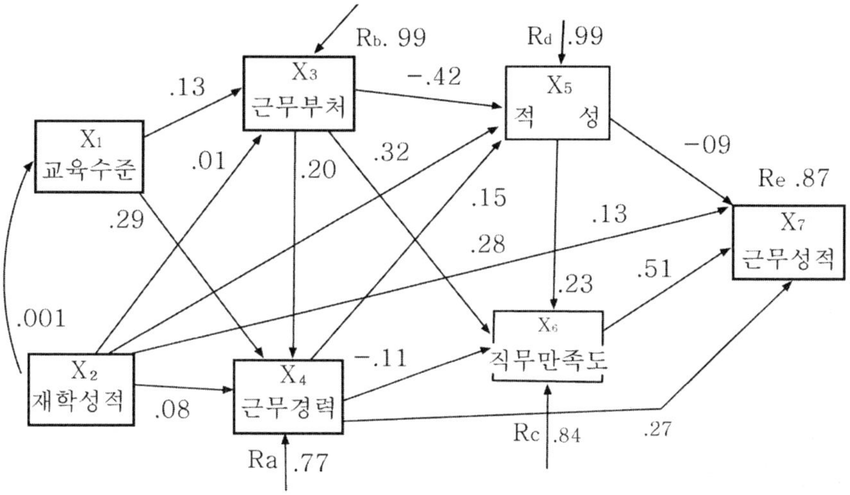

[그림 22] **교사의 근무성적에 영향을 미치는 변인들의 인과모형**

[주] 모형의 각 수치는 경로계수이며, 곡선적 쌍방화살표는 단순상관계수를, 직선적 화살표는 영향주는 경로는, R은 잔여회귀계수를 의미함.

또 교사의 직무만족도는 교사의 적성에 의해 P=.23으로, 근무부처에 의해 P=.28로 영향을 받으며, 교사의 근무경력 변인에 의해서는 영향을 받지 않는 것으로 나타났다.

교사의 적성은 근무경력에 의해 P=.15, 재학성적에 의해 P=.32로 영향 받으며, 근무부처에 의해서는 영향을 받지 않는 것으로 나타났다. 또 교사의 근무경력은 근무부처에 의해 P=.20, 대학 재학성적에 의해 P=.08, 교육수준에 의해 P=.29로 영향을 받는 것으로 나타났다.

교사의 근무성적에 대한 각 변인들이 영향을 주는 정도는 〈표 48〉과 같다.

〈표 48〉 교사의 근무성적에 대한 변인들의 공헌도

변 인	총영향 (total effect P)	직접영향 (direct effect PD)	간접 총영향 (total indirect effect PTI)
직무만족도(X_6)	.547	.51	.037
적성(X_5)	.124	−.09	.133

변 인	총영향 (total effect P)	직접영향 (direct effect PD)	간접 총영향 (total indirect effect PTI)
근무경력(X_4)	.295	.27	.025
근무부처(X_3)	−.004	−.001	−.003
대학재학성적(X_2)	.334	.13	.204
교육수준(X_1)	−.092	.02	−.112

〈표 48〉을 보면, 교사의 근무성적에 '직접적인 영향을 주는 원인변인'은 직무만족도(P_D=.51), 근무경력(P_D=.27), 대학재학성적(P_D=.13), 교육수준(P_D=.02) 등이며, 이 중에서 직무만족도와 근무경력 변인이 가장 큰 영향을 미치는 것으로 나타났다. 교사의 적성과 근무부처 변인은 근무성적에 직접적인 영향을 미치지 않는 것으로 나타났다.

교사의 근무성적에 '간접적인 영향을 주는 원인 변인'은 직무만족도(P_{TI}=.037), 적성(P_{TI}=.133), 근무경력(P_{TI}=.025), 대학재학성적(P_{TI}=.204)이다. 특히 적성변인은 교사의 근무성적에 직접적으로 영향을 미치지는 않지만, 다른 변인들을 통해서 간접적으로 영향을 미쳐(P_{TI}=.133) 교사의 근무성적에 P=.124의 영향을 주는 것으로 밝혀졌다.

교육수준 변인은 교사의 근무성적에 직접적인 영향을 주고 있지만 간접적인 영향은 미치지 않아 총영향은 미치지 않는 것으로 나타났다. 그리고 근무부처 변인은 교사의 근무성적에 직접적, 간접적인 영향을 미치지 않는 것으로 나타났다.

교사의 근무성적에 영향을 주는 변인들의 총영향을 보면, 교사의 근무만족도 변인이 P=.547로 가장 높고, 대학재학성적 변인이 P=.334, 근무경력 변인이 P=.295, 적성변인이 P=.124로 영향을 미치지만 교육수준과 근무부처 변인은 영향을 미치지 않는 것으로 밝혀졌다.

10. 척도의 신뢰도 분석

- 연구나 평가에서 사용하는 측정척도(검사지, 질문지, 체크리스트, 시험지 등)가 양호해야 그 목적을 충실히 달성할 수 있음.
- 측정척도가 양호하다는 것은 타당하고, 신뢰도가 높은 척도일 것이 일차적인 조건임.

- 신뢰도(reliability)란 측정도구가 측정하려는 바를 얼마나 일관성 있게 재어 내는가를 일컬음.
- 측정도구의 신뢰도 계수에 대한 요구 수준은 어떤 원칙이 있는 것은 아니지만, 통상 .70이상이면 양호한 것으로 판단하며, .80이상이면 신뢰도가 높다고 판단함.

가. 척도의 신뢰도를 분석하는 방법

1] 검사-재검사 신뢰도 : 안정성 계수

▸ 동일한 피험자 집단에게 측정도구를 실시하여 자료를 수집함

▸ 일정한 기간이 지난 후에 같은 대상들에게 동일한 도구를 가지고 다시 자료 수집

▸ 두 다른 시기의 측정치들의 상관계수(Pearson's r) 산출

✪ 피험자들의 측정도구에 대한 반응의 기억력에 의존한 재검사에의 반응을 고려해야 하며, 하나의 검사 내에 이질적인 요소들을 포함하고 있는 측정도구의 경우에 적합

2] 반분신뢰도

▸ 하나의 피험자 집단에 하나의 측정척도를 실시

▸ 전체 측정도구를 반으로 나누어(전반부와 후반부로 나누는 경우 '전-후 반분신뢰도', 측정도구의 문항을 홀수와 짝수번호로 이분한 경우 '기-우 반분 신뢰도'라고 하며, 전체문항을 컴퓨터의 무선화 방법에 의해 2분하는 경우 '문항 무선화 반분신뢰도'라고 부름), 반분한 측정문항들을 마치 독립된 검사로 간주하여 반분한 검사에서의 측정치들의 상관계수(Pearson's r) 산출

■ 이 상관계수는 반분된 검사의 상관계수이므로 이를 전체 신뢰도 계수로 교정해야 함. 이 때의 교정공식은

$r = \frac{2r'}{1+r'}$ [r'는 반분한 검사의 상관계수임]

✪ 반분신뢰도는 한 번 검사를 실시하여 척도의 신뢰도를 산출할 수 있는 장점이 있으나, 하나의 검사를 구성하고 있는 문항들이 모두 동일한 한 가지 특성을 측정한다는 조건을 충족시켜야 함.

3] 동형검사 신뢰도

▶ 동형검사의 조건을 충족시키는 두 개의 검사 제작

▶ 두 개의 동형검사를 동시에, 혹은 일정한 간격을 두고 측정 실시

▶ 두 검사 측정치들 간 상관계수(Pearson's r) 산출

✪ 동형검사 신뢰도는 척도의 엄정한 신뢰도 계수를 산출할 수 있다는 장점이 있으나, 동형검사 제작이 현실적으로 어려움.

4] 내적 일관성 신뢰도 : Cronbach's α

▶ 하나의 측정도구를 구성하고 있는 문항 하나 하나를 독립된 도구로 간주하고, 이들 각 문항들 간의 상관도를 통합하여 측정도구의 동질성 정도를 추정하는 방법

$\alpha = \frac{n}{n-1}(1 - \frac{\sum S_i^2}{S_X^2})$ [α : Cronbach의 α 계수

n : 측정도구의 문항 수

S_X^2 : 전체 측정도구의 변량, S_i^2 : 개별 문항들의 변량]

SPSS 이용법 : SPSS에 의한 신뢰도 계산은 기본적으로 Cronbach의 α 계수를 구하는 것임. 1. Analyze ⇒ Scale ⇒ Reliability Analysis 클릭 2. 변인 창의 신뢰도 분석할 문항들을 Items창으로 이동시킴 3. Model의 Alpha 클릭 4. Scale label : 척도의 이름을 입력 5 Statistics를 클릭하여 Descriptives for의 'Scale', 'Item', 'Scale if Item Deleted'를 지정함 6. OK 클릭

나. 척도의 신뢰도 분석의 예 : [부록 3]의 척도의 경우

1] 신뢰도 분석

(1) Analyze ⇒ Scale ⇒ Reliability Analysis 순서로 클릭

(2) 변인 창의 신뢰도 분석할 문항들을 Items창으로 이동시킴 : 이 예에서는 '수업목표' 2개 문항, '수업내용' 3개 문항, '수업방법' 5개 문항 등을 독립된 척도로 간주하고 각각 신뢰도 분석을 함

☞ 신뢰도로서 Cronbach의 α계수는 동일한 구인(특성)을 측정하는 문항들로 구성되는 요인 각각에 대하여 신뢰도를 구하는 것임을 유의해야 함. 즉, 하나의 변인이 5개의 하위요인으로 구성된 척도라면 5개 하위요인 각각의 신뢰도를 구해야 하며, 척도 전체의 신뢰도를 구하는 것은 무의미함.

(3) Reliability Analysis 창의 Model : 의 ∨를 클릭하여 Alpha를 선택함.

(4) Scale label : 의 칸에 "수업방법"(예)을 입력함.

(5) Statistics 클릭 : Descriptives for의 'Item', 'Scale', 'Scale if item deleted'를 지정함

☞ Item(문항) : 해당 문항을 제외한 모든 변인 값들의 평균치

Scale(척도) : 해당 문항을 제외한 모든 변인 값들의 변량

Scale if item deleted(특정 문항 제거시 척도) : 해당 문항을 제외시켰을 때 신뢰도 계수(Cronbach의 α계수)

(6) 결과 해설

Cases Processing Summary

		N	%
Cases	Valid	945	99.5
	Excluded(a)	5	0.5
	Total	950	100.0
a. Listwise deletion based on all variables in the procedure.			

해설 : 신뢰도 분석에 사용된 유효 사례수는 945로서 99.5%에 이르며, 제외된 사례수는 5로서 전체의 0.5%에 해당함.

Reliability Analisis - Scale (Alpha)

		Mean	Std Dev	Cases
1	수업방법 1	3.7884	1.0208	945

		Mean	Std Dev	Cases
2	수업방법 2	3.6508	1.3674	945
3	수업방법 3	3.7016	1.1089	945
4	수업방법 4	3.8222	1.0197	945
5	수업방법 5	3.4592	1.2136	945
Statistics for	Mean	Variance	Std Dev	N of Variabes
Scale	18.415	15.975	3.9969	5

해설 : 신뢰도 분석에 사용된 5개 문항 각각의 평균과 표준편차, 사례수를 알려줌. 또한 5개 문항으로 구성된 척도(수업방법) 전체의 평균, 변량, 표준편차를 보여주고 있음.

Item-total Statistics

	Scale Mean if Item Deleted	Scale Variance if Item Deleted	Corrected Item-Total Correlation	Cronbach's Alpha if Item Deleted
수업방법 1	18.4441	8.234	.307	.816
수업방법 2	18.1018	8.120	.552	.672
수업방법 3	17.6964	8.285	.425	.849
수업방법 4	17.8225	8.002	.467	.878
수업방법 5	18.0568	8.364	.525	.902

해설 : 문항 전체 통계치는 신뢰도 분석에서 각 문항이 제외되었을 때 나머지 문항들에 대한 통계치들을 제시해 줌.

Reliability Coefficients	
N of Cases = 945.0	N of Items = 5
Alpha = .8640	

해설 : 신뢰도 계수를 구하는 데 사용된 사례수는 945이며, 문항 수는 5개 임. 그리고 이 척도의 신뢰도 계수인 Cronbach's Alpha는 .8640으로서 매우 신뢰도가 높은 척도임.

부 록

[부록 1] 교육에 대한 의견 [학생용] 질문지/ 코딩 매뉴얼/ 데이터

학생 여러분, 안녕하세요? 이 질문지는 여러분들이 학교생활을 하면서 지닌 생각을 알아보려고 하는 것입니다. 여기에는 맞고 틀린 것이 없으며, 여러분이 자신이 느낀 바를 그대로 응답해 주면 됩니다. 질문 하나 하나를 잘 읽고 여러분의 생각과 같은 번호에 ○표 해 주시기 바랍니다.

1. 어떤 학생을 교육을 잘 받은 사람이라고 할 수 있을까요?

(1) 실력이 좋은 학생

(2) 성실성, 책임감, 질서 지키기 등 인성이 훌륭한 학생

(3) 신체적 심리적으로 건강한 학생

(4) 다른 사람과 잘 어울리며 타인에게 도움을 줄 줄 아는 학생

2. 사람이 교육을 받는 가장 중요한 이유는 무엇이라고 생각합니까?

(1) 출세하기 위하여 (2) 상급학교 진학 (3) 훌륭한 시민의 자질 육성 (4) 직업준비

(5) 다른 사람에게 뒤지지 않기 위해 (6) 좋은 인성과 인격의 함양

(7) 부모님의 기대에 부응하기 위하여 (8) 기타 : ______________________________

3. 우리 지역의 학교교육에 대한 전반적인 만족도는 어느 정도입니까?

(1) 매우 불만 (2) 대체로 불만 (3) 그저 그렇다 (4) 만족스러운 편 (5) 매우 만족

4. 우리 지역의 교육이 불만족스럽다면[위에서 (1) 또는 (2)에 답한 경우], 불만스러운 가장 큰 이유는 무엇입니까?

(1) 학교 주변의 환경이 열악하여 (2) 이름 있는 좋은 학교가 부족하여

(3) 집단 따돌림이나 학교 폭력 등이 심해서 (4) 지역(남부와 북부)적으로 학교환경의 격차가 심하여

(5) 학교에 따른 빈부의 격차가 심해서 (6) 다니고 싶은 학교가 없어서

(7) 다니고 싶은 학교(유치원 포함)에 입학하기가 어려워서 (8) 돈이 많이 들어서

(9) 학교 운영방식이 비민주적이어서 (10) 선생님들의 실력이 부족해서

(11) 상급학교 진학에 불리해서 (12) 기타 : ________________________________

5. 학생이 다니고 싶어 하는 학교는 어떤 학교입니까?

(1) 집에서 가까운 학교 (2) 선생님들의 실력이 좋은 학교

(3) 다양한 특기와 적성을 기를 수 있는 학교 (4) 선생님들이 학생들에 대하여 관심과 애정을 갖는 학교

(5) 상급학교 진학에 유리한 학교 (6) 교육시설이나 환경이 좋은 학교

(7) 좋은 친구가 많은 학교

[부록 2] 교육에 대한 의견[학생용] 코딩매뉴얼과 자료 입력

문항번호	칼럼	내 용	코딩방식	비 고
학교급	1	초/중/고별	초=1/ 중=2/ 고=3	
성별	2	학생의 성	남=1/ 여=2	
지역별	3	학교소재지	대도시=1/ 중소도시=2/ 농어촌=3	
경제수준	4	가정의 경제수준	상=1/ 중=2/ 하=3	
1	5	교육을 잘 받은 사람	응답번호대로	1 ~ 4
2	6	교육받는 이유	상 동	1 ~ 8
3	7	지역교육 만족도	상 동	1 ~ 5
4	8-9	교육 불만 이유	상 동	1 ~ 12
5	10	다니고 싶은 학교	상 동	1 ~ 7

입력

1122264037

2113411114

3222122093

2233422077

1111122015

3111122022

3223365056

2111113051

1232374036

1233264083

2222344084

2133352094

3123111082

1122264037

2113411114

3222122093

[부록 3] 교사의 수업에 대한 질문지

학생 여러분, 안녕하세요.
이 질문지는 이번 학기에 ○○○과목을 담당하신 선생님의 수업운영에 대해 학생 여러분들이 어떻게 생각하는가를 파악하여 선생님의 수업방법 개선에 도움을 주고자 만들어졌습니다. 선생님과의 개인적인 관계를 떠나 수업운영 방식만을 염두에 두고 솔직하게 응답해 주기 바랍니다. 이 질문지에 대한 응답은 오로지 전체적인 통계분석에만 사용될 것이며 개인적으로 누가, 어떻게 응답했는가는 전혀 드러나지 않을 것을 약속합니다.

문 항	매우 미흡	대체로 미흡	보 통	대체로 우수	매우 우수
1. 선생님의 수업목표와 수업방향은 분명하였다.(목표)					
2. 선생님은 수업시작 단계에서 수업목표를 명확하게 설명해 주셨다.(목표)					
3. 매 시간 수업내용의 구성은 체계가 없이 혼란스러웠다.(내용)					
4. 수업 내용은 논리적이고 명확하였다.(내용)					
5. 수업은 핵심적인 내용을 적절하게 반영하여 진행하였다.(내용)					
6. 선생님의 설명은 이해하기 어려웠다.(방법)					
7. 선생님은 추상적인 개념이나 이론을 명확하게 설명하지 않았다.(방법)					
8. 수업중 학생들에게 적절한 질문을 던져 관심을 유발시켰다.(방법)					
9. 선생님은 학생들이 열의를 가지고 공부하도록 유도하였다.(방법)					
10. 선생님은 학생들이 수업내용을 이해하고 있는지에 대하여 별 관심이 없었다.(방법)					
11. 선생님은 수업 목표를 달성과 별 관계없는 과제물을 제시하였다.(평가)					
12. 과제물은 설명 또는 평가 의견을 첨부하여 학생들에게 되돌려 주었다.(평가)					
13. 시험문제는 교과에서 강조하는 점과 내용을 반영하였다.(평가)					
14. 선생님의 성적 평가 방법은 객관적이었다.(평가)					
15. 선생님은 수업에 열의가 없고 성의 없었다.(열의)					
16. 선생님은 수업에 자신감을 가지고 있다.(열의)					
17. 선생님은 학생들이 최선을 다하도록 동기를 부여하였다.(열의)					
18. 선생님은 학생들의 질문에 성심 성의껏 답변해 주었다.(열의)					
19. 선생님은 학생들이 잠을 자거나 떠들어도 별 신경을 쓰지 않았다.(열의)					
20. 수업이 진행됨에 따라 교과에 대한 흥미와 지적 수준이 증진되었다.(성과)					
21. 다음 학기에도 이 선생님과 함께 공부했으면 좋겠다.(성과)					

[부록 4] 교사의 수업행동척도의 요인분석을 위한 가상적 자료 1:매우 미흡/5:매우 우수

피험자 번호	문항 번호																				
	1	2	3	4	5	6	7	8	9	10	11	12	13	14	15	16	17	18	19	20	21
001	5	4	3	3	4	3	2	5	3	4	4	3	4	4	4	3	5	3	4	3	4
002	4	5	5	5	4	4	5	4	4	3	3	3	2	4	4	3	3	3	4	4	4
003	3	5	4	2	3	4	4	4	3	3	4	5	5	3	5	3	3	4	4	3	5
004	4	4	4	4	4	3	5	4	3	4	5	4	4	5	3	4	3	3	2	3	5
005	4	4	5	4	5	3	3	4	4	5	4	3	3	3	5	4	3	3	4	3	3
006	5	4	4	4	5	4	4	4	3	3	4	5	4	4	4	4	4	4	3	5	3
007	3	4	4	3	3	5	3	4	4	4	3	4	3	3	4	5	4	4	1	1	5
008	5	3	3	5	5	5	4	3	3	5	4	4	5	4	3	2	3	4	2	4	2
009	4	4	5	4	5	2	4	4	5	4	5	3	5	4	4	4	4	4	4	4	5
010	4	5	4	3	4	5	5	2	4	3	3	3	1	2	2	3	3	3	3	3	4
011	4	5	5	5	5	2	3	3	2	5	5	5	5	5	4	5	4	4	4	4	5
012	5	3	5	5	5	4	3	3	3	4	5	4	2	4	5	4	4	4	3	4	5
013	2	3	3	2	2	2	4	4	3	4	4	4	3	4	3	3	2	2	3	2	4
014	5	5	5	5	5	5	5	4	5	3	5	5	5	5	5	5	2	3	4	3	5
015	3	2	2	2	3	2	2	2	2	2	3	2	2	3	2	2	2	2	2	2	2
016	2	2	3	3	5	2	3	4	5	3	4	3	4	5	3	3	3	4	5	3	5
017	3	5	5	3	5	2	2	3	5	3	5	5	4	5	5	4	2	2	4	2	5
018	5	5	2	4	4	5	5	3	2	5	5	4	4	5	4	5	2	2	3	2	5
019	1	3	5	1	1	3	5	5	5	4	2	5	3	2	5	4	2	2	1	2	4
020	3	3	3	3	3	3	3	4	3	3	3	3	3	4	4	4	3	4	4	2	4
021	4	4	4	4	4	4	4	4	4	5	4	4	3	3	4	4	4	4	3	4	5
022	5	3	4	4	4	4	4	5	3	4	4	4	5	4	5	5	4	3	4	4	4
023	4	4	5	5	5	4	4	5	5	4	4	4	4	4	5	5	5	5	5	5	5
024	2	5	5	2	5	5	4	5	4	3	4	3	4	4	5	3	3	3	4	2	4
025	5	4	5	4	4	4	2	5	5	3	4	2	4	4	3	3	3	3	3	3	5
026	5	4	3	3	3	3	5	3	4	4	4	3	4	4	5	3	3	4	4	2	2
027	5	5	2	5	5	4	2	2	2	2	4	3	4	3	3	3	3	4	4	2	2
028	4	4	5	5	4	2	4	4	5	4	5	3	5	5	5	3	4	4	5	4	5
029	4	3	5	5	5	4	4	2	5	4	5	4	5	5	5	4	5	4	5	3	5
030	5	4	5	4	4	5	3	3	4	4	5	4	4	4	4	4	3	4	4	3	4
031	5	3	5	4	5	5	4	5	5	5	5	4	5	5	4	5	4	5	5	3	5
032	5	3	3	2	3	2	3	3	4	4	4	4	5	5	4	4	3	3	4	3	4
033	3	3	2	4	3	3	2	2	4	5	5	4	4	3	4	5	3	3	3	3	4
034	4	3	5	4	4	5	4	1	5	4	5	4	5	4	4	4	3	3	4	3	4
035	2	4	2	1	1	4	5	2	3	4	4	5	5	2	4	3	2	2	2	2	4
036	4	3	4	2	4	5	4	5	4	5	4	4	3	3	4	3	4	5	3	4	5
037	5	3	4	4	4	4	4	5	3	4	4	4	5	4	5	5	4	3	4	4	4
038	4	4	5	5	5	4	4	5	5	4	4	4	4	4	3	4	5	5	4	5	3
039	2	5	5	2	5	5	4	5	4	3	4	3	4	4	5	3	3	3	4	2	4
040	3	2	1	4	5	4	2	5	3	3	4	2	4	4	3	5	3	4	3	1	5

[부록 5] 수업평가 질문지, 코딩 매뉴얼, 입력 데이터

1. 선생님의 수업목표와 수업방향은 분명하였다.(목표)
2. 선생님은 수업시작 단계에서 수업목표를 명확하게 설명해 주셨다.(목표)
3. 매 시간 수업내용의 구성은 체계가 없이 혼란스러웠다.(내용)
4. 수업 내용은 논리적이고 명확하였다.(내용)
5. 수업은 핵심적인 내용을 적절하게 반영하여 진행하였다.(내용)
6. 선생님의 설명은 이해하기 어려웠다.(방법)
7. 선생님은 추상적인 개념이나 이론을 명확하게 설명하지 않았다.(방법)
8. 수업중 학생들에게 적절한 질문을 던져 관심을 유발시켰다.(방법)
9. 선생님은 학생들이 열의를 가지고 공부하도록 유도하였다.(방법)
10. 선생님은 학생들이 수업내용을 이해하고 있는지에 대하여 별 관심이 없었다.(방법)
11. 선생님은 수업 목표를 달성과 별 관계없는 과제물을 제시하였다.(평가)
12. 과제물은 설명 또는 평가 의견을 첨부하여 학생들에게 되돌려 주었다.(평가)
13. 시험문제는 교과에서 강조하는 점과 내용을 반영하였다.(평가)
14. 선생님의 성적 평가 방법은 객관적이었다.(평가)
15. 선생님은 수업에 열의가 없고 성의 없었다.(열의)
16. 선생님은 수업에 자신감을 가지고 있다.(열의)
17. 선생님은 학생들이 최선을 다하도록 동기를 부여하였다.(열의)
18. 선생님은 학생들의 질문에 성심 성의껏 답변해 주었다.(열의)
19. 선생님은 학생들이 잠을 자거나 떠들어도 별 신경을 쓰지 않았다.(열의)
20. 수업이 진행됨에 따라 교과에 대한 흥미와 지적 수준이 증진되었다.(성과)
21. 다음 학기에도 이 선생님과 함께 공부했으면 좋겠다.(성과)

문항번호	칼 럼	내 용	코딩방식	비 고
학생번호	1-3	일련번호	001부터	
성별	4	학생의 성	남=1/ 여=2	
학년	5	학생 학년	학년 번호대로 1-4	
1	6	목표명료성	응답번호대로[1~5]	
2	7	목표인지노력		
3	8	내용의 체계성		역채점
4	9	내용의 명확성		
5	10	내용의 중요성		
6	11	설명의 용이성		역채점
7	12	설명의 명확성		역채점
8	13	관심 유도		
9	14	열의 유도		
10	15	이해도에의 민감성		역채점
11	16	과제물의 타당성		

문항번호	칼 럼	내 용	코딩방식	비 고
12	17	과제물 피드백		
13	18	시험문제 적절성		
14	19	성적평가의 객관성		
15	20	수업에 대한 열의		역채점
16	21	수업자신감		
17	22	동기부여		
18	23	답변의 성실성		
19	24	학생관리		역채점
20	25	학습성취도		
21	26	수업만족도		

00113543343253443444353434

00224455544544333244333444

00322354234443345535334435

00414444443543454453433235

00523445453344543335433433

00612544454443345444444353

00714344335344434334544115

00823533555433544543234242

00911445452445453544444445

01021454345524333122333334

01124455552332555554544445

01222535554333454245444345

01321233222443444343322324

01412555555545355555523435

01522322232222232232222222

01624223352345343453334535

01714355352235355455422425

01813552445532554454522325

[부록 6] K중학교 학생특성 자료 (실험 전)

(성별 : 여자 1, 남자 2 / 교과선호 : 싫어함 1, 보통 2, 좋아함 3)

일련번호	성별	자아개념	교과선호	성적	일련번호	성별	자아개념	교과선호	성적	일련번호	성별	자아개념	교과선호	성적
1	2	64	2	72	31	2	57	2	68	61	1	37	1	46
2	2	35	2	56	32	1	42	2	49	62	2	58	1	64
3	1	78	1	83	33	2	46	2	52	63	1	47	1	55
4	1	79	2	78	34	1	38	1	40	64	2	56	1	70
5	1	81	3	92	35	2	62	1	75	65	2	49	2	54
6	2	24	2	34	36	1	58	2	67	66	1	52	2	68
7	2	53	3	57	37	1	49	2	54	67	1	51	3	69
8	1	48	2	63	38	1	47	3	56	68	2	34	1	42
9	2	60	3	78	39	2	53	2	60	69	2	32	1	40
10	1	42	1	42	40	2	28	1	58	70	2	47	1	57
11	1	33	2	30	41	1	24	1	46	71	1	46	3	53
12	2	19	1	33	42	1	51	2	72	72	2	48	2	58
13	2	51	3	63	43	2	47	1	36	73	1	52	2	68
14	1	48	2	54	44	1	59	3	78	74	1	43	1	50
15	2	63	2	74	45	1	72	2	86	75	2	53	1	64
16	1	72	2	80	46	2	73	1	88	76	1	59	2	70
17	2	89	2	94	47	1	53	3	61	77	2	74	3	83
18	2	68	2	77	48	2	56	1	73	78	1	72	2	88
19	2	57	3	63	49	2	58	2	68	79	2	82	3	90
20	1	62	1	79	50	1	64	2	70	80	2	73	2	82
21	2	42	2	44	51	1	58	3	68	81	1	70	2	81
22	1	37	2	40	52	2	48	2	52	82	1	67	1	76
23	1	59	3	68	53	1	54	3	68	83	1	64	2	72
24	2	72	2	84	54	1	83	2	92	84	1	62	2	69
25	2	83	2	88	55	2	72	2	83	85	2	63	1	70
26	1	86	3	90	56	2	68	3	75	86	1	47	3	50
27	1	43	1	53	57	2	53	2	60	87	2	42	1	52
28	2	37	2	46	58	1	27	1	32	88	2	52	1	63
29	1	41	2	52	59	1	42	2	40	89	1	54	1	68
30	2	30	1	42	60	2	56	2	59	90	2	58	2	70

[부록 6] 계속 : K중학교 학생특성 자료 (실험 후)

(성별 : 여자 1, 남자 2 / 교과선호 : 싫어함 1, 보통 2, 좋아함 3)

일련번호	성별	자아개념	교과선호	성적	일련번호	성별	자아개념	교과선호	성적	일련번호	성별	자아개념	교과선호	성적
1	2	66	2	70	31	2	56	3	70	61	1	38	2	43
2	2	37	2	59	32	1	45	2	45	62	2	59	3	65
3	1	81	3	86	33	2	46	2	52	63	1	48	2	58
4	1	77	3	76	34	1	38	2	40	64	2	56	1	72
5	1	83	3	96	35	2	65	3	77	65	2	49	2	54
6	2	34	2	32	36	1	58	2	68	66	1	54	2	69
7	2	62	3	57	37	1	49	3	54	67	1	56	3	74
8	1	53	2	63	38	1	47	2	56	68	2	35	1	42
9	2	62	3	81	39	2	56	2	64	69	2	36	2	40
10	1	52	2	44	40	2	38	1	58	70	2	47	2	58
11	1	38	1	32	41	1	41	1	46	71	1	46	3	63
12	2	27	1	33	42	1	54	2	76	72	2	48	3	61
13	2	56	3	64	43	2	47	1	36	73	1	55	2	66
14	1	58	3	59	44	1	59	3	79	74	1	45	2	52
15	2	61	3	75	45	1	73	3	88	75	2	57	3	69
16	1	70	3	83	46	2	75	3	90	76	1	54	2	71
17	2	79	3	95	47	1	56	3	61	77	2	72	3	86
18	2	73	3	75	48	2	56	3	73	78	1	70	2	88
19	2	65	3	64	49	2	58	2	72	79	2	72	3	94
20	1	63	3	82	50	1	66	3	74	80	2	77	2	82
21	2	46	2	46	51	1	58	3	69	81	1	74	3	85
22	1	41	2	44	52	2	48	2	56	82	1	64	3	78
23	1	59	3	72	53	1	55	3	74	83	1	65	3	75
24	2	72	3	85	54	1	88	3	95	84	1	64	2	69
25	2	84	3	84	55	2	73	3	86	85	2	66	3	73
26	1	76	3	92	56	2	68	3	77	86	1	47	3	55
27	1	53	1	55	57	2	53	2	64	87	2	45	1	52
28	2	39	2	46	58	1	27	1	32	88	2	54	2	63
29	1	47	2	54	59	1	46	2	43	89	1	53	2	68
30	2	36	1	46	60	2	56	2	67	90	2	58	3	74

[부록 7] 중 · 고교생의 영어학습태도 검사

학생 여러분 안녕하세요?
이 질문지는 학생 여러분들이 학교생활을 하면서 지니고 있거나 나타내 보이는 심리적 상태를 파악하여 선생님들이 학생들을 보다 잘 이해하고 잘 가르치는 방법을 연구하려고 만들어졌습니다.
이 질문지는 시험이 아니므로 맞거나 틀린 답이 있는 것이 아닙니다. 또 누가 잘 하고 못하는지를 알려는 것이 아니며, 여러분이 응답한 내용은 개인적으로 분석되는 것이 아니라 집단적으로 분석하는 연구에만 사용할 것을 약속드립니다.
문항 하나하나를 읽고서 너무 많은 생각을 하지 말고 평소 생각이나 행동과 일치하는 칸에 "∨"표 하면 됩니다. 한 문항도 빠뜨리지 말고 끝까지 응답해 주기를 부탁드립니다.

학교 : 초등학교(　　　) 중학교(　　　) 고등학교(　　　)
성별 : 남(　　　) 여(　　　) 번호 :　　　　　번

문 항	매우 그렇다	그런 편이다	잘 모르겠다	그렇지 않다	전혀 그렇지 않다
1. 나는 학교에서 공부하는 것이 재미있다					
2. 나는 우리 학교 선생님들을 자랑스럽게 생각한다					
3. 영어라고 해서 다른 과목보다 열심히 할 필요는 없다					
4. 공부는 어느 과목이나 열심히 해야 한다					
5. 학생에게 가장 중요한 것은 공부를 열심히 하는 일이다					
6. 공부하는 것은 지겨운 일이다					
7. 나는 선생님으로부터 인정을 받고 있다					
8. 우리학교 선생님들은 존경할만한 분들이다					
9. 우리학교 선생님은 공부를 재미있게 가르친다					
0. 우리학교 선생님들은 책임감이 강하다					
11. 다른 과목보다 영어 공부가 재미있다					
12. 다른 과목보다 영어 수업시간이 기다려진다					
13. 공부하는 것은 재미있는 일이다					
14. 우리 학교 영어 선생님들은 칭찬보다 꾸중을 더 많이 하신다					
15. 영어가 국어 과목보다 중요한 것은 아니다					
16. 영어 수업시간이 되면 신이 난다					
17. 영어공부는 필요한 학생들만 공부했으면 좋겠다					
18. 성적 때문에 스트레스를 많이 받는다					
19. 영어 공부를 잘 하지 못하면 세상 살아가기 어 려워 질 것이다					
20. 공부는 하면 할수록 재미가 있다					
21. 우리 학교 영어 선생님들은 상냥하고 친절하시다					

[부록 8] 연구문제에 따른 통계적 분석 방법

연구문제	분석할 통계방법
(1) 자아개념 1번 문항에 대한 반응의 평균, 표준편차, 중앙치, 최빈치, 최대 및 최소값, 尖度, 聳度, 점수범위는 어떠한가?	Frequencies Analysis(빈도분석)
(1) 전국의 기준과 K고교 학생들의 성적은 차이가 있는가?	단일표본 t-test
(1) 성별에 따라서 자아개념에 차이가 있는가?	독립표본 t-test
(2) 실험 전에 비해 실험 후 학업성적은 향상되었는가?	상관표본 t-test
(2) 3가지 교수법에 따라서 학업성취도에 차이가 있는가?	One-Way ANOVA(일원변량분석)
(3) 자아개념과 학업성취도는 유의미한 상관이 있는가?	Pearson's r(적률상관계수)
(3) -1 지능을 통제했을 때 자아개념과 학업성적과의 상관은?	Partial Correlation(부분상관계수)
(4) 자아개념을 통제할 때 교수법에 따라서 학업성취도에 차이가 있는가?	ANCOVA(공변량분석)
(5) 학습양식과 교수법은 학업성취도에 대해서 상호작용효과를 나타내는가?	Two-way ANOVA(이원변량분석)
(6) 성별에 따라서 매체선호도에 차이가 있는가?	χ^2-test(카이자승검증)
(7) 지능, 자아개념, 학습태도와 학업성적, 창의성과의 관계	MANOVA(다변인변량분석)
(8) 60개로 구성된 자아개념 척도는 어떤 요인들로 구성되는가?	Factor Analysis(요인분석)
(9) 60개로 구성되어 있는 5개 요인의 자아개념 척도는 타당한가?	Confirmative Factor Analysis (확인적 요인분석)
(10) 60개로 구성되어 있는 5개 요인의 자아개념 척도는 어느 정도 신뢰로운가?	reliability Analysis(신뢰도 분석)
(11) 자아개념 측정치로 학업성취도를 예측할 때 예측의 방정식(회귀방정식)은 어떻게 이루어지며, 회귀방정식은 유의한가?	일원회귀분석(One-way regression Anaysis)
(12) 지능, 자아개념, 학습태도 중 학업성적에 가장 큰 영향을 미 치는 변인은 무엇이며, 독립변인들이 학업성적 변량을 설명 하는 양은 어느 정도인가?	중다회귀분석 (Multiple Regression Analysis)
(13) 여러 독립변인들 중 합격/불합격을 판별하는 능력이 큰 변인은 무엇인가?	Discriminant Analysis(판별분석)
(14) 다양한 특성의 측정치를 기초로 대상자들은 어떻게 군집화 되는가?	Classify Analysis(군집분석)
(15) 전집 분포의 정상분포성 가정, 집단별 동변량성 가정이 충족 되지 않다고 판단되거나 사례수가 적을 때 집단 간 응답율의 차이가 유의한가?	Non parametric Statistics Analysis(비모수통계분석)
(16) 학업성적에 영향을 미치는 다양한 변인들의 인과관계는 어떻게 파악될 수 있는가?	Path Analysis(경로분석)

[부록 9] 정상분포곡선 수표

표준점수 $Z=\frac{X-M}{SD}$	A M에서 Z까지의 면적	B Z점수에 의해 분할되는 큰 부분 면적	C Z점수에 의해 분할되는 큰 부분 면적	y Z점상의 Y축의 높이
0.00	.0000	.5000	.5000	.3989
⋮				
0.05	.0199	.5199	.4801	.3984
⋮				
0.10	.0398	.5398	.4602	.3970
⋮				
0.15	.0596	.5596	.4404	.3945
⋮				
0.20	.0793	.5793	.4207	.3910
0.25	.0987	.5987	.4013	.3867
0.30	.1179	.6179	.3821	.3814
0.35	.1368	.6368	.3632	.3752
0.40	.1554	.6554	.3446	.3683
0.45	.1736	.6736	.3264	.3605
0.50	.1915	.6915	.3085	.3521
0.55	.2088	.7088	.2912	.3429
0.60	.2257	.7257	.2743	.3332
0.65	.2422	.7422	.2578	.3230
0.70	.2580	.7580	.2420	.3123
0.75	.2734	.7734	.2266	.3011
0.80	.2881	.7881	.2119	.2897
0.85	.3023	.8023	.1977	.2780
0.90	.3159	.8159	.1841	.2661
0.95	.3289	.8289	.1711	.2541
1.00	.3413	.8413	.1585	.2420
1.05	.3531	.8531	.1469	.2299
1.10	.3643	.8643	.1357	.2179
1.15	.3749	.8749	.1251	.2059
1.20	.3849	.8849	.1151	.1942
1.25	.3944	.8944	.1056	.1826
1.30	.4032	.9032	.0968	.1714
1.35	.4115	.9115	.0885	.1604
1.40	.4192	.9192	.0808	.1497

표준점수 $Z=\frac{X-M}{SD}$	A M에서 Z까지의 면적	B Z점수에 의해 분할되는 큰 부분 면적	C Z점수에 의해 분할되는 큰 부분 면적	y Z점상의 Y축의 높이
1.45	.4265	.9265	.0735	.1394
1.50	.4332	.9332	.0668	.1295
1.55	.4394	.9394	.0606	.1200
1.60	.4452	.9452	.0548	.1109
1.65	.4505	.9505	.0495	.1023
1.70	.4554	.9554	.0446	.0940
1.75	.4599	.9599	.0401	.0863
1.80	.4641	.9641	.0359	.0790
1.85	.4678	.9678	.0322	.0721
1.90	.4713	.9713	.0287	.0656
1.95	.4744	.9744	.0256	.0596
2.00	.4772	.9772	.0228	.0540
2.05	.4798	.9798	.0202	.0488
2.10	.4821	.9821	.0179	.0440
2.15	.4842	.9842	.0158	.0396
2.20	.4861	.9861	.0139	.0355
2.25	.4878	.9878	.0122	.0317
2.30	.4893	.9893	.0107	.0283
2.35	.4906	.9906	.0094	.0252
2.40	.4918	.9918	.0082	.0224
2.45	.4929	.9929	.0071	.0198
2.50	.4938	.9938	.0062	.0175
2.55	.4946	.9946	.0054	.0154
2.60	.4953	.9953	.0047	.0136
2.65	.4960	.9960	.0040	.0119
2.70	.4965	.9965	.0035	.0104
2.75	.4970	.9970	.0030	.0091
2.80	.4974	.9974	.0026	.0079
2.85	.4978	.9978	.0022	.0069
2.90	.4981	.9981	.0019	.0060
2.95	.4984	.9984	.0016	.0051
3.00	.4987	.9987	.0013	.0044
3.05	.4989	.9989	.0011	.0038
3.10	.4990	.9990	.0010	.0033
3.15	.4992	.9992	.0008	.0028
3.20	.4993	.9993	.0007	.0024
3.25	.49942	.99942	.00058	.00203
3.30	.49952	.99952	.00048	.00172
3.35	.49960	.99960	.00040	.00146
⋮				

[부록 10] t분포표 [임계치]

	양측검증(양방검증)				
df	.10수준에서 유의함	.05수준에서 유의함	.02수준에서 유의함	.01수준에서 유의함	.001수준에서 유의함
1	6.314	12.706	31.821	63.657	636.619
2	2.290	4.303	6.965	9.925	31.598
3	2.353	3.182	4.541	5.841	12.941
4	2.132	2.776	3.747	4.604	8.610
5	2.015	2.571	3.365	4.032	6.859
6	1.943	2.447	3.143	3.707	5.959
7	1.895	2.365	2.998	3.499	5.405
8	1.860	2.306	2.896	3.355	5.041
9	1.833	2.262	2.821	3.250	4.781
10	1.812	2.228	2.764	3.169	4.587
11	1.796	2.201	2.718	3.106	4.437
12	1.782	2.179	2.681	3.055	4.318
13	1.771	2.160	2.650	3.012	4.221
14	1.761	2.145	2.624	2.977	4.140
15	1.753	2.131	2.602	2.947	4.073
16	1.746	2.210	2.583	2.921	4.015
17	1.740	2.110	2.567	2.898	3.965
18	1.734	2.101	2.552	2.878	3.992
19	1.729	2.093	2.539	2.861	3.883
20	1.725	2.086	2.528	2.845	3.850
21	1.721	2.080	2.518	2.831	3.819
22	1.717	2.074	2.508	2.819	3.792
23	1.714	2.069	2.500	2.807	3.767
24	1.711	2.064	2.492	2.797	3.745
25	1.708	2.060	2.485	2.787	3.725
26	1.706	2.056	2.479	2.779	3.707
27	1.703	2.052	2.473	2.771	3.690
28	1.701	2.048	2.467	2.763	3.674
29	1.699	2.045	2.462	2.756	3.659
30	1.697	2.042	2.457	2.750	3.646
40	1.684	2.021	2.423	2.704	3.550
60	1.671	2.000	2.390	2.660	3.460
120	1.658	1.980	2.358	2.617	3.373
∞	1.645	1.960	2.326	2.576	3.291
	.05수준에서 유의함	.025수준에서 유의함	.01수준에서 유의함	.005수준에서 유의함	.0005수준에서 유의함
	단측검증(일방검증)				

[부록 11] χ^2 분포 수표

df	.10수준에서 유의함	.05수준에서 유의함	.01수준에서 유의함	.001수준에서 유의함
1	2.706	3.841	6.635	10.827
2	4.605	5.991	9.210	13.815
3	6.251	7.815	11.341	16.268
4	7.779	9.488	13.277	18.465
5	9.236	11.070	15.086	20.517
6	10.664	12.592	16.812	22.457
7	12.017	14.067	18.475	24.322
8	13.362	15.507	20.090	26.125
9	14.684	16.919	21.666	27.877
10	15.987	18.307	23.209	29.588
11	17.275	19.675	24.725	31.264
12	18.549	21.026	26.217	32.909
13	19.812	22.362	27.688	34.528
14	21.064	23.685	29.141	36.123
15	22.307	24.996	30.578	37.697
16	23.542	26.296	32.000	39.252
17	24.769	27.587	33.409	40.790
18	25.989	28.869	34.805	42.312
19	27.204	30.144	36.191	43.820
20	28.412	31.410	37.566	45.315
21	29.615	32.671	38.932	46.797
22	30.813	33.924	40.289	48.268
23	32.007	35.172	41.638	49.728
24	33.196	36.415	42.980	51.179
25	34.382	37.652	44.314	52.620
26	35.563	38.885	45.642	54.052
27	36.741	40.113	46.963	55.476
28	37.916	41.337	48.278	56.893
29	39.087	42.557	49.588	58.302
30	40.256	43.773	50.892	59.703

[부록 12] F분포 수표

위 : p<.05 아래 : p<.01 수준에서 유의함

df_2	df_1																						
	1	2	3	4	5	6	7	8	9	10	11	12	14	16	20	24	30	40	50	75	100	200	∞
1	161	200	216	225	230	234	237	239	241	242	243	244	245	246	248	249	250	251	252	253	253	254	254
	4052	4999	5403	5625	5764	5859	5928	5981	6022	6056	6082	6106	6142	6169	6208	6234	6258	6286	6302	6323	6334	6352	6366
2	18.51	19.00	19.16	19.25	19.30	19.33	19.36	19.37	19.38	19.39	19.40	19.41	19.42	19.43	19.44	19.45	19.46	19.47	19.47	19.48	19.49	19.49	19.50
	98.49	99.00	99.17	99.25	99.30	99.33	99.34	99.36	99.38	99.40	99.41	99.42	99.43	99.44	99.45	99.46	99.47	99.48	99.48	99.49	99.49	99.49	99.50
3	10.13	9.55	9.28	9.12	9.01	8.94	8.88	8.84	8.81	8.78	8.76	8.74	8.71	8.69	8.66	8.64	8.62	8.60	8.58	8.57	8.56	8.54	8.53
	34.12	30.82	29.46	29.71	28.24	27.91	27.67	27.49	27.34	27.23	27.13	27.05	26.92	26.83	26.69	26.60	26.50	26.41	26.35	26.27	26.23	26.18	26.12
4	7.71	6.94	6.59	6.39	6.26	6.16	6.09	6.04	6.00	5.96	5.93	5.91	5.87	5.84	5.80	5.77	5.74	5.71	5.70	5.68	5.66	5.65	5.63
	21.00	18.00	16.69	15.98	15.52	15.21	14.98	14.80	14.66	14.54	14.45	14.37	14.24	14.15	14.02	13.93	14.83	13.74	13.69	13.61	13.57	13.52	13.46
5	6.61	5.79	5.41	5.19	5.05	4.95	4.88	4.82	4.78	4.74	4.70	4.68	4.64	4.60	4.56	4.53	4.50	4.46	4.44	4.42	4.40	4.38	4.36
	16.26	13.27	12.06	11.39	10.97	10.67	10.45	10.27	10.15	10.05	9.96	9.89	9.77	9.68	9.55	9.47	9.38	9.29	9.24	9.17	9.13	9.07	9.02
6	5.99	5.14	4.76	4.53	4.39	4.28	4.21	4.15	4.10	4.06	4.03	4.00	3.96	3.92	3.87	3.84	3.81	3.77	3.75	3.72	3.71	3.69	3.67
	13.74	10.92	9.78	9.15	8.75	8.47	8.26	8.10	7.98	7.87	7.79	7.72	7.60	7.52	7.39	7.31	7.23	7.14	7.09	7.02	6.99	6.94	6.88
7	5.59	4.74	4.35	4.12	3.97	3.87	3.79	3.73	3.68	3.63	3.60	3.57	3.52	3.49	3.44	3.41	3.38	3.34	3.32	3.29	3.28	3.25	3.23
	12.25	9.55	8.45	7.85	7.46	7.19	7.00	6.84	6.71	6.62	6.54	6.47	6.35	6.27	6.15	6.07	5.98	5.90	5.85	5.78	5.75	5.70	5.65
8	5.32	4.46	4.07	3.84	3.69	3.58	3.50	3.44	3.39	3.34	3.31	3.28	3.23	3.20	3.15	3.12	3.08	3.05	3.03	3.00	2.98	2.96	2.93
	11.26	8.65	7.59	7.01	6.63	6.37	6.19	6.03	5.91	5.82	5.74	5.67	5.56	5.48	5.36	5.28	5.20	5.11	5.06	5.00	4.96	4.91	4.86
9	5.12	4.26	3.86	3.63	3.48	3.37	3.29	3.23	3.18	3.13	3.10	3.07	3.02	2.98	2.93	2.90	2.86	2.82	2.80	2.77	2.46	2.73	2.71
	10.56	8.02	6.99	6.42	6.06	5.80	5.62	5.47	5.35	5.26	5.18	5.11	5.00	4.92	4.80	4.73	4.64	4.56	4.51	4.45	4.41	4.36	4.31
10	4.96	4.10	3.71	3.48	3.33	3.22	3.14	3.07	3.02	2.97	2.94	2.91	2.86	2.82	2.77	2.74	2.70	2.67	2.64	2.61	2.59	2.56	2.54
	10.04	7.56	6.55	5.99	5.64	5.39	5.21	5.06	4.95	4.85	4.78	4.71	4.60	4.52	4.41	4.33	4.25	4.17	4.12	4.05	4.01	3.96	3.91
11	4.84	3.98	3.59	3.36	3.20	3.09	3.01	2.95	2.90	2.86	2.82	2.79	2.74	2.70	2.65	2.61	2.57	2.53	2.50	2.47	2.45	2.42	2.40
	9.65	7.20	6.22	5.67	5.32	5.07	4.88	4.74	4.63	4.54	4.46	4.40	4.29	4.21	4.10	4.02	3.94	3.86	3.80	3.74	3.70	3.66	3.60
12	4.75	3.88	3.49	3.26	3.11	3.00	2.92	2.85	2.80	2.76	2.72	2.69	2.64	2.60	2.54	2.50	2.46	2.42	2.40	2.36	2.35	2.32	2.30
	9.33	6.93	5.95	5.41	5.06	4.82	4.65	4.50	4.39	4.30	4.22	4.16	4.05	3.98	3.86	3.78	3.70	3.61	3.56	3.49	3.46	3.41	3.36
13	4.67	3.80	3.41	3.18	3.02	2.92	2.84	2.77	2.72	2.67	2.63	2.60	2.55	2.51	2.46	2.42	2.38	2.34	2.32	2.28	2.26	2.24	2.21
	9.67	6.70	5.74	5.20	4.86	4.62	4.44	4.30	4.19	4.10	4.02	3.96	3.85	3.78	3.67	3.59	3.51	3.42	3.37	3.30	3.27	3.21	3.16
14	4.60	3.74	3.34	3.11	2.96	2.85	2.77	2.70	2.65	2.60	2.56	2.53	2.48	2.44	2.39	2.35	2.31	2.27	2.24	2.21	2.19	2.13	2.13
	8.86	6.51	5.56	5.03	4.69	4.46	4.28	4.14	4.03	3.94	3.86	3.80	3.70	3.62	3.51	3.42	3.34	3.26	3.21	2.14	3.11	3.06	3.00
15	4.54	3.68	3.29	3.06	2.90	2.79	2.70	2.64	2.59	2.55	2.51	2.48	2.43	2.39	2.33	2.29	2.25	2.21	2.18	2.15	2.12	2.10	2.07
	8.68	6.36	5.42	4.89	4.56	4.32	4.14	4.00	3.89	3.80	3.73	3.67	3.56	3.48	3.36	3.29	3.20	3.12	3.07	3.00	2.97	2.92	2.87
16	4.49	3.63	3.24	3.01	2.85	2.74	2.66	2.59	2.54	2.49	2.45	2.42	2.37	2.33	2.28	2.24	2.20	2.16	2.13	2.09	2.07	2.04	2.01
	8.53	6.23	5.29	4.77	4.44	4.20	4.03	3.89	3.78	3.69	3.61	3.55	3.45	3.37	3.25	3.18	3.10	3.01	2.96	2.89	2.86	2.80	2.75
17	4.45	3.59	3.20	2.96	2.81	2.70	2.62	2.55	2.50	2.45	2.41	2.38	2.33	2.29	2.23	2.19	2.15	2.11	2.08	2.04	2.02	1.99	1.96
	8.40	6.11	5.18	4.67	4.34	4.10	3.93	3.79	3.68	3.59	3.52	3.45	3.35	3.27	3.16	3.08	3.00	2.92	2.86	2.79	2.76	2.70	2.65
18	4.41	3.55	3.16	2.93	2.77	2.66	2.58	2.51	2.46	2.41	2.37	2.34	2.29	2.25	2.19	2.15	2.11	2.07	2.04	2.00	1.98	1.95	1.92
	8.28	6.01	5.09	4.58	4.25	4.01	3.85	3.71	3.60	3.51	3.44	3.37	3.27	3.19	3.07	3.00	2.91	2.83	2.78	2.71	2.68	2.62	2.57
19	4.38	3.52	3.13	2.90	2.74	2.63	2.55	2.48	2.43	2.38	2.34	2.31	2.26	2.21	2.15	2.11	2.07	2.02	2.00	1.96	1.94	1.91	1.88
	8.18	5.93	5.01	4.50	4.17	3.94	3.77	3.63	3.52	3.43	3.36	3.30	3.19	3.12	3.00	2.92	2.84	2.76	2.70	2.63	2.60	2.54	2.49
20	4.35	3.49	3.10	2.87	2.71	2.60	2.52	2.45	2.40	2.35	2.31	2.28	2.23	2.18	2.12	2.08	2.04	1.99	1.96	1.92	1.90	1.87	1.84
	8.10	5.85	4.94	4.43	4.10	3.87	3.71	3.56	3.45	3.37	3.30	3.23	3.13	3.05	2.94	2.86	2.77	2.69	2.63	2.56	2.53	2.47	2.42
21	4.32	3.47	3.07	2.84	2.68	2.57	2.49	2.42	2.37	2.32	2.28	2.25	2.20	2.15	2.09	2.05	2.00	1.96	1.93	1.89	1.87	1.84	1.81
	8.02	5.78	4.87	4.37	4.04	3.81	3.65	3.51	3.40	3.31	3.24	3.17	3.07	2.99	2.88	2.80	2.72	2.63	2.58	2.51	2.47	2.42	2.36
22	4.30	3.44	3.05	2.82	2.66	2.55	2.47	2.40	2.35	2.30	2.26	2.23	2.18	2.13	2.07	2.03	1.98	1.93	1.91	1.87	1.84	1.81	1.78
	7.94	5.72	4.82	4.31	3.99	3.76	3.59	3.45	3.35	3.26	3.18	3.12	3.02	2.94	2.83	2.75	2.83	2.67	2.58	2.45	2.42	2.37	2.31
23	4.28	3.42	3.03	2.80	2.64	2.53	2.45	2.38	2.32	2.28	2.24	2.20	2.14	2.10	2.04	2.00	1.96	1.91	1.88	1.84	1.82	1.79	1.76
	7.88	5.66	4.76	4.26	3.94	3.71	3.54	3.41	3.30	3.21	3.14	3.07	2.97	2.89	2.78	2.70	2.62	2.53	2.48	2.41	2.37	2.32	2.26
24	4.26	3.40	3.01	2.78	2.62	2.51	2.43	2.36	2.30	2.26	2.22	2.18	2.13	2.09	2.02	1.98	1.94	1.89	1.86	1.82	1.80	1.76	1.73
	7.82	5.61	4.72	4.22	3.90	3.67	3.50	3.36	3.25	3.17	3.09	3.03	2.93	2.85	2.74	2.66	2.58	2.49	2.44	2.36	2.33	2.27	2.21
25	4.24	3.38	2.99	2.76	2.60	2.49	2.41	2.34	2.28	2.24	2.20	2.16	2.11	2.06	2.00	1.96	1.92	1.87	1.84	1.80	1.77	1.74	1.71
	7.77	5.57	4.63	4.13	3.86	3.63	3.46	3.32	3.21	3.13	3.05	2.99	2.89	2.81	2.70	2.62	2.54	2.45	2.40	2.32	2.29	2.23	2.17
26	4.22	3.37	2.98	2.74	2.59	2.47	2.39	2.32	2.27	2.22	2.18	2.15	2.10	2.05	1.99	1.95	1.90	1.85	1.82	1.78	1.76	1.72	1.69
	7.72	5.53	4.64	4.14	3.82	3.59	3.42	3.29	3.17	3.09	3.02	2.96	2.86	2.77	2.66	2.58	2.50	2.50	2.36	2.28	2.25	2.19	2.13

[부록 12] F분포 수표 (계속)

df_2	df_1																						
	1	2	3	4	5	6	7	8	9	10	11	12	14	16	20	24	30	40	50	75	100	200	∞
27	4.21	3.35	2.96	2.73	2.57	2.46	2.37	2.30	2.25	2.20	2.16	2.13	2.08	2.03	1.97	1.93	1.88	1.84	1.80	1.76	1.74	1.71	1.67
	7.68	5.49	4.60	4.11	2.79	3.56	3.39	3.26	3.14	3.06	2.98	2.93	2.83	2.74	2.63	2.55	2.47	2.38	2.33	2.25	2.21	2.16	2.10
28	4.20	3.34	2.95	2.71	2.56	2.44	2.36	2.29	2.24	2.19	2.15	2.12	2.06	2.02	1.96	1.91	1.87	1.81	1.78	1.75	1.72	1.69	1.65
	7.64	5.45	4.57	4.07	3.76	3.53	3.36	3.23	3.11	3.03	2.95	2.90	2.80	2.71	2.60	2.52	2.44	2.35	2.30	2.22	2.18	2.13	2.06
29	4.18	3.33	2.93	2.70	2.54	2.43	2.35	2.28	2.22	2.18	2.14	2.10	2.05	2.00	1.94	1.90	1.85	1.80	1.77	1.73	1.71	1.68	1.64
	7.60	5.42	4.54	4.04	3.73	3.50	3.33	3.20	3.08	3.00	2.92	2.87	2.77	2.68	2.57	2.49	2.41	2.32	2.27	2.19	2.15	2.10	2.03
30	4.17	3.32	2.92	2.69	2.53	2.42	2.34	2.27	2.21	2.16	2.12	2.09	2.04	1.99	1.93	1.89	1.84	1.79	1.76	1.72	1.69	1.66	1.62
	7.56	5.39	4.51	4.02	3.70	3.47	3.30	3.17	3.06	2.98	2.90	2.84	2.74	2.66	2.55	2.47	2.38	2.29	2.24	2.16	2.13	2.07	2.01
32	4.15	3.30	2.90	2.67	2.51	2.40	2.32	2.25	2.19	2.14	2.10	2.07	2.02	1.97	1.91	1.86	1.82	1.76	1.74	1.69	1.67	1.64	1.59
	7.50	5.34	4.46	3.97	3.66	3.42	3.25	3.12	3.01	2.94	2.86	2.80	2.70	2.62	2.51	2.42	2.34	2.25	2.20	2.12	2.08	2.02	1.96
34	4.13	3.28	2.88	2.65	2.49	2.38	2.30	2.23	2.17	2.12	2.08	2.05	2.00	1.95	1.89	1.84	1.80	1.74	1.71	1.67	1.64	1.61	1.57
	7.44	5.29	4.42	3.93	3.61	3.38	3.21	3.08	2.97	2.89	2.82	2.76	2.66	2.58	2.47	2.38	2.30	2.21	2.15	2.08	2.04	1.98	1.91
36	4.11	3.26	2.86	2.63	2.48	2.36	2.28	2.21	2.15	2.10	2.06	2.03	1.98	1.93	1.87	1.82	1.78	1.72	1.69	1.65	1.62	1.59	1.55
	7.39	5.25	4.38	3.89	3.58	3.35	3.18	3.04	2.94	2.86	2.78	2.72	2.62	2.54	2.43	2.35	2.26	2.17	2.12	2.04	2.00	1.94	1.87
38	4.10	3.25	2.85	2.62	2.46	2.35	2.26	2.19	2.14	2.09	2.05	2.02	1.96	1.92	1.85	1.80	1.76	1.71	1.67	1.63	1.60	1.57	1.53
	7.35	5.21	4.34	3.86	3.54	3.32	3.15	3.02	2.91	2.82	2.75	2.69	2.59	2.51	2.40	2.32	2.22	2.14	2.08	2.00	1.97	1.90	1.84
40	4.08	3.23	2.84	2.61	2.45	2.34	2.25	2.18	2.12	2.07	2.04	2.00	1.95	1.90	1.84	1.79	1.74	1.69	1.66	1.61	1.59	1.55	1.51
	7.31	5.18	4.31	3.83	3.51	3.29	3.12	2.99	2.88	2.80	2.73	2.66	2.56	2.49	2.37	2.29	2.20	2.11	2.05	1.97	1.94	1.88	1.81
42	4.07	3.22	2.83	2.59	2.44	2.32	2.24	2.17	2.11	2.06	2.02	1.99	1.94	1.89	1.82	1.78	1.73	1.68	1.64	1.60	1.57	1.54	1.49
	7.27	5.15	4.29	3.80	3.49	3.26	3.10	2.96	2.86	2.77	2.70	2.64	2.54	2.46	2.35	2.26	2.17	2.08	2.02	1.94	1.91	1.85	1.78
44	4.06	3.21	2.82	2.58	2.43	2.31	2.23	2.16	2.10	2.05	2.01	1.98	1.92	1.88	1.81	1.76	1.72	1.66	1.63	1.58	1.56	1.52	1.48
	7.24	5.12	4.26	3.78	3.46	3.24	3.07	2.94	2.84	2.75	2.68	2.62	2.52	2.44	2.32	2.24	2.15	2.06	2.00	1.92	1.88	1.82	1.75
46	4.05	3.20	2.81	2.57	2.42	2.30	2.22	2.14	2.09	2.00	2.04	1.97	1.91	1.87	1.80	1.75	1.71	1.65	1.62	1.57	1.54	1.51	1.46
	7.21	5.10	4.24	3.76	3.44	3.22	3.05	2.92	2.82	2.73	2.66	2.60	2.50	2.42	2.30	2.22	2.13	2.04	1.98	1.90	1.86	1.80	1.72
48	4.04	3.19	2.80	2.56	2.41	2.30	2.21	2.14	2.08	2.03	1.99	1.96	1.90	1.86	1.79	1.74	1.70	1.64	1.61	1.56	1.53	1.50	1.45
	7.19	5.08	4.22	3.74	3.42	3.20	3.04	2.90	2.80	2.71	2.64	2.58	2.48	2.40	2.28	2.20	2.11	2.02	1.96	1.88	1.84	1.78	1.70
50	4.03	3.18	2.79	2.56	2.40	2.29	2.20	2.13	2.07	2.02	1.98	1.95	1.90	1.85	1.78	1.74	1.69	1.63	1.60	1.55	1.52	1.48	1.44
	7.17	5.06	4.20	3.72	3.41	3.18	3.02	2.88	2.78	2.70	2.62	2.56	2.46	2.39	2.26	2.18	2.10	2.00	1.94	1.86	1.82	1.76	1.68
55	4.02	3.17	2.78	2.54	2.38	2.27	2.18	2.11	2.05	2.00	1.97	1.93	1.88	1.83	1.76	1.72	1.67	1.61	1.58	1.52	1.50	1.46	1.41
	7.12	5.01	4.16	3.68	3.37	3.15	2.98	2.85	2.75	2.66	2.59	2.53	2.42	2.35	2.23	2.15	2.06	1.96	1.90	1.82	1.78	1.71	1.64
60	4.00	3.15	2.76	2.52	2.37	2.23	2.17	2.10	2.04	1.99	1.95	1.92	1.86	1.81	1.75	1.70	1.65	1.59	1.56	1.50	1.48	1.44	1.39
	7.08	4.98	4.13	3.65	3.34	3.12	2.95	2.82	2.72	2.63	2.56	2.50	2.40	2.32	2.20	2.12	2.03	1.93	1.87	1.79	1.74	1.68	1.60
65	3.99	3.14	2.75	2.51	2.36	2.24	2.15	2.08	2.02	1.98	1.94	1.90	1.85	1.80	1.73	1.68	1.63	1.57	1.54	1.49	1.46	1.42	1.37
	7.04	4.95	4.10	3.62	3.31	3.09	2.93	2.79	2.70	2.61	2.54	2.47	2.37	2.30	2.18	2.09	2.00	1.90	1.84	1.76	1.71	1.64	1.56
70	3.98	3.13	2.74	2.50	2.35	2.23	2.14	2.07	2.01	1.97	1.93	1.89	1.84	1.79	1.72	1.67	1.62	1.56	1.53	1.47	1.45	1.40	1.35
	7.01	4.92	4.08	3.60	3.29	3.07	2.91	2.77	2.67	2.59	2.51	2.45	2.35	2.28	2.15	2.07	1.98	1.88	1.82	1.74	1.69	1.62	1.53
80	3.96	3.11	2.72	2.48	2.33	2.21	2.12	2.05	1.99	1.95	1.91	1.88	1.82	1.77	1.70	1.65	1.60	1.54	1.51	1.45	1.42	1.38	1.32
	6.96	4.88	4.04	3.56	3.25	3.04	2.87	2.74	2.64	2.55	2.48	2.41	2.32	2.24	2.11	2.03	1.94	1.84	1.78	1.70	1.65	1.57	1.49
100	3.94	3.09	2.70	2.46	2.30	2.19	2.10	2.03	1.97	1.92	1.88	1.85	1.79	1.75	1.68	1.63	1.57	1.51	1.48	1.42	1.39	1.34	1.28
	6.90	4.82	3.98	3.51	3.20	2.99	2.82	2.69	2.59	2.51	2.43	2.36	2.26	2.19	2.06	1.98	1.89	1.79	1.73	1.64	1.59	1.61	1.43
125	3.92	3.07	2.68	2.44	2.29	2.17	2.08	2.01	1.95	1.90	1.86	1.83	1.77	1.72	1.65	1.60	1.55	1.49	1.45	1.39	1.36	1.31	1.25
	6.84	4.78	3.94	3.47	3.17	2.95	2.79	2.65	2.56	2.47	2.40	2.33	2.23	2.15	2.03	1.94	1.85	1.75	1.68	1.59	1.54	1.46	1.37
150	3.91	3.06	2.67	2.43	2.27	2.16	2.07	2.00	1.94	1.89	1.85	1.82	1.76	1.71	1.64	1.59	1.54	1.47	1.37	1.34	1.29	1.25	1.20
	6.81	4.75	3.91	3.44	3.14	2.92	2.76	2.62	2.53	2.44	2.37	2.30	2.20	2.12	2.00	1.91	1.83	1.72	1.66	1.56	1.51	1.43	1.33
200	3.89	3.04	2.65	2.41	2.26	2.14	2.05	1.98	1.92	1.87	1.83	1.80	1.74	1.69	1.62	1.57	1.52	1.45	1.42	1.35	1.32	1.26	1.19
	6.76	4.72	3.88	3.41	3.11	2.90	2.73	2.60	2.50	2.41	2.34	2.28	2.17	2.09	1.97	1.88	1.79	1.69	1.62	1.53	1.48	1.39	1.28
400	3.86	3.02	2.62	2.39	2.23	2.12	2.03	1.96	1.90	1.85	1.81	1.78	1.72	1.67	1.60	1.54	1.49	1.42	1.38	1.32	1.28	1.22	1.13
	6.70	4.66	3.83	3.36	3.06	2.85	2.69	2.55	2.46	2.37	2.29	2.23	2.12	2.04	1.92	1.84	1.74	1.64	1.57	1.47	1.42	1.32	1.19
1,000	3.85	3.00	2.61	2.38	2.22	2.10	2.02	1.95	1.89	1.84	1.80	1.76	1.70	1.65	1.58	1.53	1.47	1.41	1.36	1.30	1.26	1.19	1.08
	6.66	4.62	3.80	3.34	3.04	2.82	2.66	2.53	2.43	2.34	2.26	2.20	2.09	2.01	1.89	1.81	1.71	1.61	1.54	1.44	1.38	1.28	1.11
∞	3.84	2.99	2.60	2.37	2.21	2.09	2.01	1.94	1.88	1.83	1.79	1.75	1.69	1.64	1.57	1.52	1.46	1.40	1.35	1.28	1.24	1.17	1.00
	6.64	4.60	3.78	3.32	3.02	2.80	2.64	2.51	2.41	2.32	2.24	2.18	2.07	1.99	1.87	1.79	1.69	1.59	1.52	1.41	1.36	1.25	1.00

[부록 13] 통계분석을 위한 SPSS프로그램 이용 방법

1. Read Text Data(텍스트 데이터 읽기)

절차	할 일	내 용
1	자료검토	수집한 자료의 검토 : 응답이 충실하게 되었는가? 부실한 응답은 없는가?
2	코딩매뉴얼 작성	
3	자료입력	한글, 엑셀 문서로 작성하거나, SPSS자료입력 창에 직접 입력
4	txt확장자로 저장	한글이나 엑셀로 입력한 자료는 반드시 .txt확장자로 저장
5	텍스트 데이터 읽기	
6	통계 분석	

1] Top Menu ⇒ File ⇒ Read Text Data ▶ Open File이 나타남

▶ 한글에서 저장한 Text 파일을 불러냄

2] 마법사를 이용한 텍스트 데이터 가져오기

단계	마법사 일	연구자가 검토/할 일
1	텍스트 데이터 가져오기 Text Import Wizard - Step 1 of 6	o 연구자가 입력한 자료가 맞으면 [다음(N)] 클릭 o 텍스트 파일의 형식을 사전에 지정해 놓은 경우에는 “Yes" 클릭
2	데이터 배열방식, 데이터 내 변수 이름 포함 여부 결정 Text Import Wizard - Step 2 of 6	o 데이터의 배열방식이 고정된 경우, ‘Fixed width’ 클릭 [Delimited : 특수문자 등을 이용하여 변인값과 변인값 사이를 구분하여 자료 입력한 경우] o 데이터만 입력되어 있고, 변인명이 없으므로 ‘No’ 클릭
3	사례줄 수 선택, 불러올 사례 수 선택 Text Import Wizard - Step 3 of 6	o 첫번 째 사례의 시작 줄 : 1[기본값] o 한 사례가 차지하는 줄 수 : 용지 A3 경우 ‘1’ o 가져 올 사례 수 지정 : All of the cases 선택

단계	마법사 일	연구자가 검토/할 일
4	구분선을 통한 변인/유목 지정 Text Import Wizard – Step 4 of 6	마우스로 화살표를 클릭하여 변인이나 유목 간을 구분
5	각 변인들의 이름 지정 Text Import Wizard – Step 5 of 6	o 변인이름 지정(입력) o 한 변인의 요인들은 묶어서 : 만족교수/만족관계 등 o 복수응답 혹은 순서대로 응답한 경우를 고려
6	마법사 완료/데이터 파일 형식 정의 저장 Text Import Wizard – Step 6 of 6	o 마법사 완료 내용 저장? : Yes 클릭/Save As 선택 o Paste(명령어창)? : No 클릭 o 마침 클릭

**** 항상 저장하기

2. 변인의 정의와 변인 값 입력하기

정의를 입력하기 전 : VAR00001 VAR00002 VAR00003 등과 같이 나타남

변인 정의 명령어로 가기 : Data View 창에서 View 클릭 ⇒ Variables 클릭

변인 보기[영문]	의미	내 용
Name	이름	o 변인명 입력 : 한글 32글자/ 알파벳 64글자까지 o 특수문자, 띄어쓰기 불가 o 숫자부터 시작 불가
Type	유형	o 자료가 숫자인지, 문자인지, 날짜인지 등 지정해 줌 o 숫자로 입력된 경우 Numeric 그냥 사용
Width	자리수	하나의 변인이 차지하는 자리 수/ 예 : 평균치가 78.55 ⇒ '4'
Decimals	소숫점 이하 자리	'2'
Label	변인명 해설	성별의 경우 '성별'/ 교직생활만족도의 경우 '교직만족'
Values	변인값 설명	성별의 경우, 1 : 남자/ 2 : 여자
Missing	무응답 지정	대부분 '0'

변인 보기[영문]	의미	내 용
Column	열 자릿수	변인의 자릿수로서 기본값을 그대로 사용
Align	맞춤	데이터의 위치를 왼쪽, 중앙, 오른쪽 정렬을 하는 것으로 그대로
Measure	척도	자료의 척도 수준

*** 입력한 데이터의 확인 : Top Menu ⇒ View ⇒ Value Labels [해제시도 같은 절차]

3. 입력 오류 찾기와 고치기

1] 자료를 입력할 때 서두르거나, 여러 명이 입력할 때 잘 못 입력되는 경우가 있음 [예 : 성별에 '3' 혹은 '5'가 입력된다든지, 만족도가 5점 척도로 되어 있는데 '6'이 입력될 수 있음]

2] 입력 오류 찾기

[1] Top Menu ⇒ Analyze ⇒ Descriptive Statistics ⇒ Frequencies(빈도분석)

[2] 빈도분석표에서 잘 못 입력된 변인과, 어떤 값이 잘 못 입력되었는지 확인

[3] Data View에서 Top Menu ⇒ 변인 선택(예 : 성별) ⇒ Edit 클릭 ⇒ Find 클릭 ⇒ Find what 메뉴에서 잘 못 입력된 숫자 입력 ⇒ Find Next 클릭

3] 입력 오류 고치기

[1] 잘 못 입력된 사례가 발견되면, 질문지 등 척도에의 응답을 확인하여 직접 수정할 숫자 입력 ⇒ 엔터

[2] 더 이상 잘 못 입력된 사례가 없으면, "Not Find" 확인창이 나타남 ⇒ 확인 클릭

4. Descriptive Statistics의 Explore(탐색)란?

1] 분석하려는 각 독립변인별 종속변인의 평균치, 95% 신뢰구간, 중앙치, 변량, 표준편차, 첨도(점수 분포가 중앙에서 얼마나 솟아 있는가)와 歪度(점수분포가 정상분포/ 정적편포/ 부적편포 중 어느 편인가)

2] Explore 창에서

[1] Dependent List에 종속변인을, Factor List에 독립변인을 옮겨 옴

[2] Display 창의 기본값(Both) 설정

[3] Statistics..., Plots..., Options... 각각을 클릭하여 해당하는 분석 종류를 선택

3] Boxplot(박스도표) 안의 박스는 정상분포곡선에서 평균치의 95% 신뢰구간 안에 들어가 있는 값의 범위를, 박스밖의 상하로 나타난 선은 최고값과 최소값 중 평균의 95% 신뢰구간을 벗어나는 5%의 극단치를 보여 줌. 박스 안의 선은 평균치를 의미함.

5. 자료변환과 선택

1] 코딩 변경하기 : Recode

[1] 유목의 통합과 재분류 : 매우 만족 + 대체로 만족 ⇒ '만족' 유목으로

[2] 5점 Likirt 척도에서 특정 문항의 무응답 ⇒ 중립반응인 '보통(3)'으로

[3] 100점 만점 성취도분포에서 상/ 중/ 하 3개 유목으로 전환

[4] 조사 결과 특정 유목에의 응답빈도가 지나치게 적을 경우 인접 유목으로 통합

[예] 경제수준, 부모의 학력, 특정 문항에의 응답 등

[5] 긍정문과 부정문이 혼용된 척도에서 부정문의 **역채점이 필요한 경우**

[6] 분석에서 제외할 필요가 있는 일정 점수간격을 missing value로 처리할 경우

▶ 일단 recode를 하면, 원래 값은 사라지므로 수시로 새로운 파일을 생성해 낼 것/ 변인 명을 새로 부여한 후 recode 할 것

[7] Top Menu ⇒ Transform ⇒ Recode

가. Into Same Variables... : 기존의 변인명을 그대로 둔 코딩 변경

[예 : 매우 불만족이 5, 불만 4, 보통 3, 만족 2, 매우 만족 1로 코딩되어 있는 경우]

[예 : 성적의 빈도분포를 검토한 후 80점 이상은 1(성적상)로, 71-79점은 2(성적중), 70점 이하는 3 (성적하)로 리코딩]

나. Into Different Variables... : 새로운 변인명을 생성할 경우(기존 변인명을 그

대로 둠)

Top Menu ⇒ Transform ⇒ Recode ⇒ Into Different Variables...

⇒ Recode할 변인을 Numeric Variable → Output 창으로 이동시킴

⇒ Output Variable 창의 Name에 생성할 변인명 입력, Label에 간략한 설명내용 입력

⇒ Change 클릭

⇒ Old and New Variables... 클릭

⇒ 왼쪽 Old Value 창의 기존값, 혹은 기존값 영역의 해당하는 난에 입력[예 : 1]

⇒ 오른쪽 New Value 창의 Value에 Recoding할 값 입력[예 : 5]

⇒ Old → New : 창의 Add 클릭

⇒ Continue 클릭

2] 변인, 유목의 생성 : Compute

[1] 20개 문항의 자아개념 척도에서 하위 요인별 평균치의 차이검증을 할 경우

[2] 일정한 문항이나 요인에 가중치를 부여할 경우

[3] 변인이나 요인의 연산(+, -, ÷, ×)이 요구되는 경우

[4] Top Menu ⇒ Transform ⇒ Compute ⇒ Target Variable 창에 **생성할 변인명 입력[32글 자까지]** ⇒ Numeric Expression : 에 +, -, X, / 등으로 Compute 연산식 입력

[예 : 교직만족도를 인간관계, 학생교육, 개인생활 등 세 요인으로 생성할 경우, Target Variable 창에 인간관계를 입력하고, Numeric Expression : 창에 만족1+만족2+만족3+만족4 등 입력, 4개 문항의 평균치를 구할 경우에는 /4]

[5] Compute 내의 If 조건문 사용방법

If 조건문은 Select Cases와 동일한 기능

3] 분석할 사례 혹은 유목 선택 방법 : Select If

예 : 초, 중, 고교생의 학교생활만족도 자료 중 중학생만을 선택하여 분석할 경우

[1] Top Menu ⇒ Data ⇒ Select Cases ⇒ If condition is satisfied ⇒ If...

분석할 사례의 예	if 조건식 작성 방법
중학생만 분석	학생구분=2
중학생의 국어성적 80점 이상만 분석	성적>80
중학생이면서 여학생만 선택	학생구분=2 & 성별=2
성적이 60점 이하와 80점 이상만 선택	성적<=60 ㅣ 성적>=80

[2] Select Cases 해제

Top Menu ⇒ Data ⇒ Select Cases ⇒ All Cases 선택 ⇒ OK

[예 1] 남학생만, 혹은 여학생만을 대상으로 분석할 경우

▶ 한 번 Select했으면, 그 자료만을 분석하게 되므로, 분석시 어떤 자료인가를 항상 확인할 것.

[예 2] 질문 3에서 "(1) 매우 찬성 (2) 대체로 찬성"에 응답한 경우, 찬성하는 이유는?

6. 파일 합치기 : Merge Files

하나의 측정도구로 수집된 자료를 여러 사람이 나누어 입력한 후 이를 하나의 파일로 합칠 경우, 혹은 기존 파일에 새로운 변인에 관한 자료를 추가할 경우

Top Menu ⇒ Data ⇒ Merge Files ⇒ Add Cases(사례를 합칠 때) / Add Variables(변인을 추가할 때) ⇒ An open dataset 창에서 기존 파일 확인

⇒ 추가할 파일 선택(Browse 클릭) ⇒ An external SPSS data file 난에 추가할 파일 가져옴

⇒ Continue

7. 분석결과 저장하기

1] Top Menu ⇒ File ⇒ Save / Save as[다른 이름으로 저장]

2] Top Menu ⇒ File ⇒ Export... (내보내기)

8. 다중응답의 분석

1] 다중응답(multiple response)

하나의 질문에 여러 개의 응답결과(복수 선택)가 나타나게 된 것

2] 분석 방법

[1] 선택(1)/ 비선택(2)으로 코딩 혹은 입력하는 방법

[2] 선택된 변인값만 코딩 혹은 입력하는 방법

[3] 우선 순위대로 번호를 1, 2, 3 등으로 반응한 경우 : 가중치 부여

[예 1] 다음 중 학생이 선호하는 교과의 순위를 1, 2로 번호를 기입하시오.

예 : 다음의 경우, 교과선호도는 어떻게 나타나는가?
- 1순위에 국어, 6명, 영어 3명/ 2순위에 국어 3명, 영어 7명이 응답했다고 가정하자.
- 가중치는 연구자가 어떤 이론적 근거 혹은 타당성 있는 논리에 따라서 부여하기도 하고, 변인의 중요성을 따져서 부여함.
- 만약에 1순위에 200%의 가중치를 준다고 판단했다면, 1순위의 국어는 6명×200%=12점, 영어는 3명×200%=6점/ 2순위는 국어 3명×100%=3점, 영어 7명×100%=7점 따라서 국어는 15점, 영어는 13점으로 영어보다 국어과 선호도가 높다.
- 1, 2, 3, 4, 5순위까지 기입할 경우 가중치는 500, 400, 300, 200, 100% 등으로 줄 수도 있고, 150, 100, 50, 10% 등으로 부여할 수 있음(다만, 그 근거를 제시할 수 있어야 함)

[예 2] 다음 중 학교생활만족도를 결정하는 데 중요하다고 생각하는 요소 2개를 골라 중요 순위대로 번호를 기입해 주세요. 1순위 : 2순위:

1. 통학거리( )
2. 학교의 시설과 설비( )
3. 휴게실 등 복지시설( )
4. 선생님들의 실력( )
5. 선생님들의 친절성( )
6. 선생님들의 학생 인격 존중( )

7. 왕따가 없는 것(　　)
8. 학생들 간 폭력이 없는 것(　　)
9. 선생님이 체벌하지 않는 것(　　)
10. 좋은 친구가 많은 것(　　)
11. 진학이나 진로지도의 충실성(　　)
12. 자율적인 학교분위기(　　)

이 경우에는 문항이 12개라고 생각하고, 각 요소를 독립적으로 코딩해야 함.

Top Menu ⇒ Analysis ⇒ Multiple Response ⇒ Define set
- Define set(변수군 정의) : 다중응답분석에 사용될 하위 변인들을 지정해 주는 것임.
- Define set로 이동한 후 다중응답으로 처리할 변인을 Variables in Set창으로 이동시킴
⇒ Variables Are Coded As(변인들의 코딩형식)의 Categories(범주형) 선택
⇒ Range(범위)에 질문지의 항목인 변인값의 최소값 1부터 최대값 13까지 입력
⇒ Name에 새 변인의 이름 입력(예 : 만족결정요소)
⇒ Label(설명)을 입력(예 : 학교생활만족도 결정요소)
⇒ Multiple Response Sets : 창의 Add 클릭
⇒ Close(닫기)

다중응답 분석 실행
닫기 한 후, 다시 한번 Top Menu ⇒ Analysis ⇒ Multiple Response ⇒ Frequencies
- Multiple Response Frequencies 창에서 'Mult Response Sets:에 있는 다중응답 분석 변인(만족결정요소)을 Table(s) for : 창으로 이동시킴
⇒ OK

[결과 표]

	Cases					
	Valid		Missing		Total	
	N	Percent	N	Percent	N	Percent
만족결정요소(a)	362	99.2%	3	0.8%	365	100.0%
a Group						

		Responses		Percent of Cases
		N	Percent	
만족결정요소(a)	통학거리	35	5.29%	35/362 = 9.7
	학교의 시설과 설비	38	5.7	10.5
	휴게실 등 복지시설	51	7.7	14.1
	선생님들의 실력	73	11.0	20.2
	선생님들의 친절성	89	13.4	24.6
	선생님들의 학생 인격 존중	105	15.9	29.0
	왕따가 없는 것	27	4.1	7.5
	학생들 간 폭력이 없는 것	41	6.2	11.3
	선생님이 체벌하지 않는 것	63	9.5	17.4
	좋은 친구가 많은 것	78	11.8	21.5
	진학이나 진로지도의 충실성	33	5.0	9.1
	자율적인 학교분위기	29	4.4	8.0
Total		662	100.0%	182.9
a Group				

- Total : 662는 362명이 662개를 응답한 것이며, Percent of Cases의 182.9%는 1인당 1.8개를 응답한 것임.

[예 3] 이분형 자료의 분석

응답자 성 : 남자( ) 여자( )
다음 중 아동이나 학습자의 사회성을 기르는데 가장 중요한 것이 무엇이라고 생각합니까? 해당하는 것을 모두 "✔"표 해 주세요.
(1) 학습부진아들의 학습능력향상 프로그램
(2) 자기표현 훈련 프로그램
(3) 자기주장 훈련 프로그램
(4) 인간관계 훈련 프로그램
(5) 심성계발 프로그램
(6) 감수성 훈련 프로그램

- 이러한 문항은 마치 7개의 문항으로 간주하고, 코딩 및 입력해야 함.
- 이와 같은 7개 문항은 "✔"는 1로, 응답없음은 0으로 입력

Top Menu ⇒ Analysis ⇒ Multiple Response ⇒ Define set
- Define set(변수군 정의) : 다중응답분석에 사용될 하위 변인들을 지정해 주는 것임.
- Define set로 이동한 후 다중응답으로 처리할 변인을 Variable in Set창으로 이동시킴
⇒ Variables Are Coded As(변인들의 코딩형식)의 Dichotomies(이분형) 선택
⇒ Counted Value(빈도값)에서 선택에 해당하는 '1' 입력
⇒ Name에 새 변인의 이름 입력(예 : 만족결정요소)
⇒ Label(설명)을 입력(예 : 학교생활만족도 결정요소)
⇒ Multiple Response Sets : 창의 Add 클릭
⇒ Close(닫기)

다중응답 분석 실행
닫기 한 후, 다시 한번 Top Menu ⇒ Analysis ⇒ Multiple Response ⇒ Frequencies
- Multiple Response Frequencies 창에서 'Mult Response Sets:에 있는 다중응답 분석 변인(만족결정요소)을 Table(s) for : 창으로 이동시킴
⇒ OK

[결과 표]

		Responses		Percent of Cases
		N	Percent	
사회성 계발프로	학습부진아들의 학습능력향상 프로그램	23	23/316=7.3	23/165=13.9
	자기표현 훈련 프로그램	94	29.7	57.0
	자기주장 훈련 프로그램	55	17.4	33.3
	인간관계 훈련 프로그램	81	25.6	49.1
	심성계발 프로그램	37	11.7	22.4
	감수성 훈련 프로그램	26	8.2	15.8
	전체	316	100.0%	191.5%

a Dichtomy group tabulated at value 1.

[1] 위 표 해석은 범주형 다중응답 분석과 동일

참고 문헌

강병서 · 김계수(1999). 한글SPSS 사회과학 통계분석. 서울 : SPSS아카데미.

강봉규 · 손충기 · 이기종(2006). 교사를 위한 통계학. 서울 : 태영출판사.

백용덕(1995). 교육통계. 서울 : 형설출판사.

성태제(2001). 현대 기초통계학의 이해와 적용. 서울 : 교육과학사.

손충기(2006). 교육연구방법론. 서울 : 태영출판사.

손충기 · 백영균 · 박정환(2006). 내가하는 통계분석SPSS : DOS에서 WINDOWS버전 14.0 까지. 서울 : 학지사.

우수명(2007). 마우스로 잡는 SPSS for Windows 14.0. 서울 : 인간과 복지.

이완정(1996). 행동연구 분석기법. 서울 : 교육과학사.

이종승(2009). 교육 · 심리 · 사회 연구방법론. 서울 : 교육과학사.

Glasnapp, D. R., & Poggio, J. P.(1985). Essentials of statistical analysis for the behavioral sciences. Columbus : Charles E. Merrill Publishing Co.

Kiess, H. O.(1989). Statistical concepts for the behavioral sciences. Massachusetts : Allyn and Bacon, Inc.

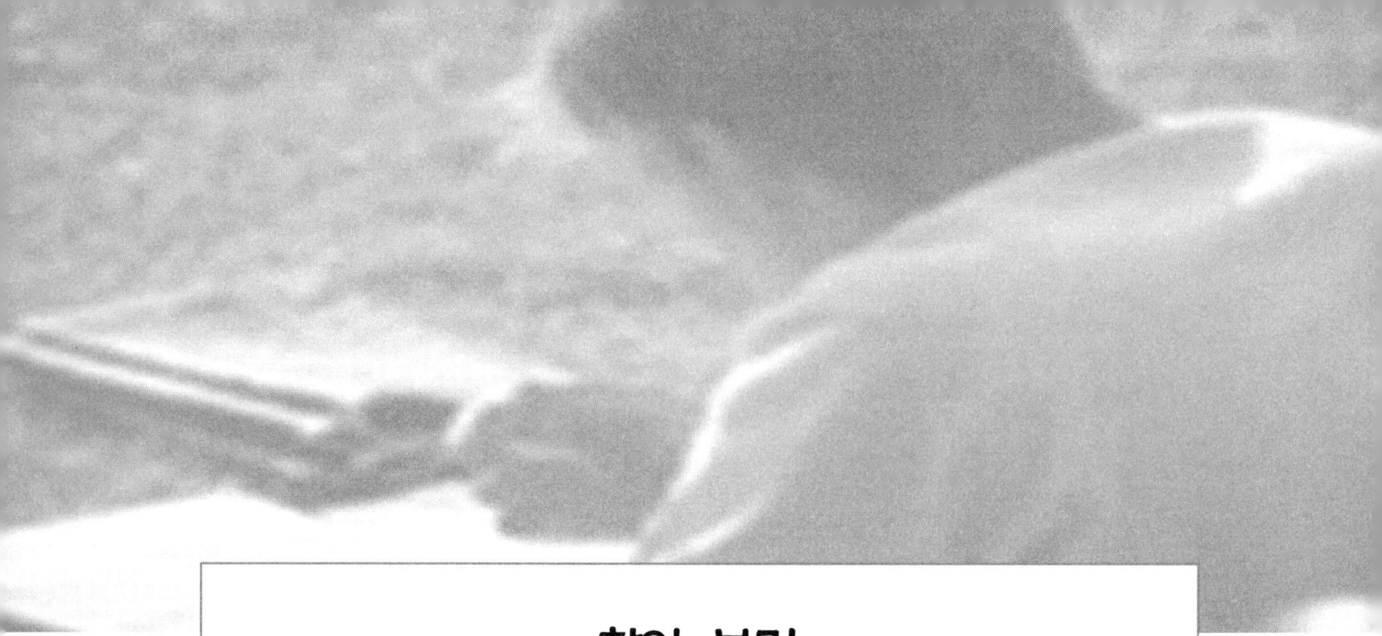

찾아 보기

저자 소개

✍ 손충기

❑ 약력

· 공주사범대학 교육학과 졸업/서울대학교 대학원 교육학과 졸업/인하대학교 대학원 교육학박사/한국행동과학연구소 학습 · 검사 · 사회 · 조직 개발연구부장 역임

· 현재, 원광대학교 교육학과 교수

❑ 주요 논문 및 저서

· 한국 초등학교 아동의 정의적 행동 특성/한국 초등학교 교육의 평가 I, II(공동)/한국 고교생의 진로의식/학습부진아의 정의적 행동특성 연구/중등학교 교사의 수업에 대한 학생평가의 타당성연구/교사의 수업행동 진단척도 개발과 그 타당화 연구/행동적 수업목표의 진술(N. E. Gronlund)(역서)/교육학개론(공저)/교육과정과 교육평가/교육 · 심리 · 사회 연구방법론/내가하는 통계분석 SPSS 외 다수

누구나 할 수 있는
교육통계분석

초판인쇄 2010년 1월 5일
초판발행 2010년 1월 10일

저자와의 협의하에 인지생략

저 자 손 충 기
발행인 김 현 태
발행처 태영출판사

주 소 (152-705) 서울 구로구 구로동 104-10 동남오피스텔 201호
전 화 02 · 839-3757, 839-3752
팩 스 02 · 837-3754
등 록 2005년 5월 30일 제12-421호
http://www.taeyeongbook.co.kr
E-mail tys2005@paran.com
ISBN 978-89-6302-018-1 93370
정 가 12,000원

NAVER 태영출판사

＊ 잘못 만들어진 책은 교환해 드립니다.